Empreendedorismo e responsabilidade social

COLEÇÃO GESTÃO EMPRESARIAL

Empreendedorismo e responsabilidade social

2ª ed., rev.

Adriano Stadler (Org.)
Elaine Cristina Arantes
Zélia Halicki

Gestão Empresarial

EDITORA
intersaberes

EDITORA intersaberes

Rua Clara Vendramin, 58 . Mossunguê
CEP 81200-170 . Curitiba . PR . Brasil
Fone: (41) 2106-4170
www.intersaberes.com
editora@editoraintersaberes.com.br

Conselho editorial
Dr. Ivo José Both (presidente)
Drª Elena Godoy
Dr. Nelson Luís Dias
Dr. Neri dos Santos
Dr. Ulf Gregor Baranow

Editora-chefe
Lindsay Azambuja

Supervisora editorial
Ariadne Nunes Wenger

Analista editorial
Ariel Martins

Capa
Sílvio Gabriel Spannenberg

Fotografia capa
Comstock

Projeto gráfico
Roberto Querido

Diagramação
Fabiana Edições

2ª edição, 2014.

Foi feito o depósito legal.

Informamos que é de inteira responsabilidade dos autores a emissão de conceitos.

Nenhuma parte desta publicação poderá ser reproduzida por qualquer meio ou forma sem a prévia autorização da Editora InterSaberes.

A violação dos direitos autorais é crime estabelecido na Lei nº 9.610/1998 e punido pelo art. 184 do Código Penal.

Dados Internacionais de Catalogação na Publicação (CIP)
(Câmara Brasileira do Livro, SP, Brasil)

Arantes, Elaine Cristina
  Empreendorismo e responsabilidade social / Elaine Cristina Arantes, Zélia Halicki; Adriano Stadler (Org.). – 2. ed. rev. – Curitiba: InterSaberes, 2014. – (Coleção Gestão empresarial; v. 4)

  Bibliografia
  ISBN 978-85-8212-902-9

  1. Administração de empresas 2. Empreendedorismo 3. Empresas – Responsabilidade social I. Halicki, Zélia. II. Stadler, Adriano. III. Título. IV. Série.

13-07341   CDD-658.421

Índices para catálogo sistemático:
 1. Empreendedorismo e responsabilidade social:
    Administração de empresas   658.421

Sumário

- Apresentação, 7
- Como aproveitar ao máximo este livro, 9

Primeira parte – Empreendedorismo, 11
Zélia Halicki

- Sobre a autora, 12
- Introdução, 13

1. A importância do empreendedorismo no contexto da economia globalizada, 15
2. Empreendedorismo na prática, 29
3. Estratégia empresarial, 44
4. Histórico e importância do plano de negócios, 51
5. O plano de negócios, 59
6. A importância das pequenas e médias empresas para a economia de um país, 76

- Indicações culturais, 82
- Bibliografia comentada, 83
- Síntese, 85
- Referências, 87

Segunda parte – Ética e responsabilidade social corporativa, 89
Elaine Cristina Arantes

- Sobre a autora, 90
- Introdução, 91

1. Conceitos fundamentais de responsabilidade social, 93
2. Responsabilidade social inserida no planejamento estratégico empresarial, 104
3. Integração entre investimento em responsabilidade social e gestão da marca, 120
4. Ética empresarial, 138
5. Casos práticos de responsabilidade social corporativa, 147
6. Direcionadores para a implementação da responsabilidade social empresarial, 157

- Indicações culturais, 163
- Bibliografia comentada, 163
- Síntese, 165
- Referências, 167

Considerações finais, 169

Apresentação

As organizações do século XXI vivem num ambiente altamente complexo e mutante, denominado *economia globalizada*. No entanto, ao mesmo tempo que temos uma avalanche de informações, novas ferramentas, técnicas e modelos modernos de gestão organizacional, também temos um enorme contingente de pequenas organizações que vivem à margem de todo esse ambiente informacional.

As micro e pequenas empresas, que, por muitas vezes, apenas engrossam as estatísticas de falência prematura de empresas, necessitam de conhecimentos e práticas que sejam aplicadas à sua realidade econômica, para que, dessa forma, o empreendedorismo tenha uma aplicação de cunho social e deixe de ser apenas um tema relevante nas discussões acadêmicas.

Considerando que o empreendedorismo na prática se constitui em um ganho social, apresentaremos o ponto de interseção entre os dois conteúdos deste livro: empreendedorismo e ética e responsabilidade social corporativa. Afinal, aquele tema não será discutido neste livro com foco apenas nas atitudes empresariais politicamente corretas, mas também na utilização da responsabilidade social na gestão aplicada a todos os seus *stakeholders*[1], pertencentes tanto ao público interno quanto ao público externo, como os clientes, os concorrentes, os fornecedores, a sociedade e o meio ambiente natural.

Desse modo, o presente livro está dividido em duas partes: a primeira abordará os conceitos de empreendedorismo e sua aplicação na sociedade de economia globalizada; a segunda terá como enfoque a ética e a responsabilidade social corporativa (RSC).

---

1   O termo *stakeholder* será explicado e analisado na segunda parte desta obra.

Na primeira parte do livro, intitulada *Empreendedorismo*, trataremos desse tema tendo em vista mudanças econômicas decorrentes da globalização, por meio de uma abordagem prática e sob a perspectiva de sua aplicabilidade como estratégia empresarial. Apresentaremos, ainda, o plano de negócios – seu histórico e os passos para a elaboração de um planejamento eficaz para a organização. Finalizaremos com a abordagem da importância das pequenas e médias empresas no contexto econômico do Brasil.

Na segunda parte do livro, intitulada *Ética e responsabilidade social corporativa*, apresentaremos os conceitos elementares relacionados à ética e à responsabilidade social corporativa e examinaremos esse tema no contexto do planejamento estratégico organizacional. Também refletiremos sobre a forma como a responsabilidade social corporativa pode ser utilizada no planejamento de *marketing* da organização, agregando valor à marca.

Abordaremos, ainda, a ética empresarial, os passos para a implementação da responsabilidade social corporativa e casos práticos de sucesso de empresas que trataram desse tema de forma inteligente. O livro será finalizado com os direcionadores para a implementação da responsabilidade social corporativa.

Convidamos você, leitor, a refletir a respeito da aplicabilidade desses conceitos na prática do seu cotidiano pessoal e profissional e a contribuir incisivamente no fortalecimento das empresas com ética e valores fundamentais para a construção de uma sociedade mais humana e justa.

Como aproveitar ao máximo este livro

Este livro traz alguns recursos que visam enriquecer o seu aprendizado, facilitar a compreensão dos conteúdos e tornar a leitura mais dinâmica. São ferramentas projetadas de acordo com a natureza dos temas que vamos examinar. Veja a seguir como esses recursos se encontram distribuídos no projeto gráfico da obra.

Indicações culturais

Filmes

BEE MOVIE. Direção: Steve Hickner e Simon J. Smith. EUA: Paramount Pictures, 2007. 91 min.

O filme é uma animação que conta a história das abelhas desde o nascimento até a morte. Barry é uma abelha recém-formada que não se conforma em seguir os mesmos padrões seguidos por todas as gerações e decide tentar fazer algo que, aos olhos dos outros, seria impossível.

Ao final do capítulo os autores oferecem algumas indicações de livros, filmes ou *sites* que podem ajudá-lo a refletir sobre os conteúdos estudados e permitir o aprofundamento em seu processo de aprendizagem.

Bibliografia comentada

PETROBRAS. **Relatório de Sustentabilidade 2009**. Disponível em: <http://www.petrobras.com.br/rs2009/pt/relatorio-de-sustentabilidade>. Acesso em: 17 dez. 2010.

O relatório publicado no site da Petrobras apresenta a missão e a visão da empresa para 2020. Na sequência, esse relatório faz referência aos 10 Princípios do Pacto Global, que também estudamos neste livro. Existe, ainda, um capítulo destinado especialmen-

Nesta seção, você encontra comentários acerca de algumas obras de referência para o estudo dos temas examinados.

Síntese

Responsabilidade social se define pela forma de gerir baseada em uma relação ética e transparente entre a empresa e seus diferentes públicos. Nesse sentido, o investimento em responsabilidade social é um caminho para a sustentabilidade e para o desenvolvimento sustentável.

Você dispõe, ao final do capítulo, de uma síntese que traz os principais conceitos nele abordados.

Primeira parte

Empreendedorismo

Zélia Halicki

Sobre a autora

Zélia Halicki é graduada em Ciências Econômicas pela Universidade Estadual de Ponta Grossa (UEPG), pós-graduada em Formação Docente em Ensino a Distância – EaD pela Faculdade Internacional de Curitiba (Facinter), especialista em Finanças e Controladoria pelo Instituto Brasileiro de Pós-Graduação e Extensão (Ibpex) e mestre em Administração pela Universidade do Vale do Itajaí (Univali). Atuou durante 15 anos na área de vendas, administração e gerência da empresa OK Benfica Cia. Nacional de Pneus. Atua como docente nas Faculdades Integradas de Itararé (Fafit/Facic), com as disciplinas de Economia, Administração de Pequenas e Médias Empresas, Planejamento Estratégico e Elaboração e Análise de Projetos, além de ser coordenadora dos projetos técnicos do curso de Administração Geral. Ministra aulas na modalidade EaD nos cursos de MBA em Administração, Planejamento Estratégico e *Marketing* e em cursos de pós-graduação em Direito e Meio Ambiente, Contabilidade e Responsabilidade Fiscal e Secretariado Executivo no Centro Universitário Uninter, além de prestar consultoria e ministrar palestras e treinamentos nas áreas de *marketing* interno, vendas e motivação. É também coordenadora do curso de Administração de Empresas da Faculdade Sagrada Família, Ponta Grossa-PR.

Introdução

Nesta primeira parte da obra, vamos tratar de **empreendedorismo**, tema de grande relevância que vem despertando interesse tanto da sociedade como do governo. A sociedade carece de indivíduos empreendedores que consigam manter a competitividade e permanecer no atual mercado. O governo visa estimular a criação de novos empreendimentos, objetivando tanto a geração de empregos como o aumento da arrecadação.

Dessa forma, podemos perceber hoje grandes estímulos no sentido de incentivar o empreendedorismo, a ponto de ser atualmente disciplina obrigatória no ensino técnico, tendo em vista despertar nos indivíduos o espírito empreendedor, a iniciativa, a criatividade e o espírito inovador.

Nesse sentido, o presente livro busca provocar o interesse pelo tema e discutir alguns conceitos importantes para a compreensão do tema, de modo a contribuir para que você possa inserir em seu cotidiano práticas empreendedoras.

O primeiro capítulo abordará a importância do empreendedorismo no contexto de economia globalizada, destacando como o tema ganhou destaque principalmente após a abertura dos mercados, promovida no final da década de 1980 e início dos anos 1990, em virtude da competitividade que alterou o cenário econômico.

Na sequência, no segundo capítulo trataremos de alguns mitos e verdades para que tornemos claro o entendimento acerca do empreendedorismo na prática.

No terceiro capítulo, enfocaremos as estratégias empresariais, sua importância e de que forma podem servir de estímulo para os empreendedores.

Seguindo essa linha de pensamento, no quarto capítulo, analisaremos a história e a importância do plano de negócios, suas principais atribuições e de que maneira esse documento pode servir de alicerce para estruturar um empreendimento de sucesso.

Já no quinto capítulo, apresentaremos os passos a serem seguidos para o desenvolvimento de um plano de negócios, bem como os procedimentos necessários para a abertura de uma empresa. Por fim, no sexto capítulo, discutiremos a importância das micro e pequenas empresas e a relevância do papel do empreendedor nesse cenário.

1

A importância do empreendedorismo no contexto da economia globalizada

Inicialmente vamos examinar a história do empreendedorismo e elucidar a diferença entre *empresário* e *empreendedor*.

É importante abordarmos os diversos conceitos de empreendedorismo, a fim de esclarecer algumas questões que permeiam o mundo acadêmico e o mercado. Ao se tratar do tema *empreendedorismo*, a concepção que vem à mente, na maioria das vezes, é a de que empreendedor é aquela pessoa que abre um negócio. Mostraremos, porém, que existem inúmeras maneiras de ser empreendedor e nos mais diversos segmentos da economia.

Com isso, tentaremos definir o que é o empreendedorismo, que se constitui em um conceito muito subjetivo em razão das diferentes concepções acerca do assunto que ainda não estão devidamente consolidadas, o que pode estar relacionado ao fato de se tratar de um termo originário do inglês e ainda novo no Brasil.

Após a década de 1990, pudemos perceber inúmeras mudanças no cenário econômico brasileiro, principalmente pela abertura do mercado, o que propiciou a entrada de novos produtos, de novas tecnologias e, com isso, o surgimento de novos termos.

Ao final deste estudo, você compreenderá a importância do empreendedorismo para o desenvolvimento econômico do país e conhecerá as diversas abordagens relacionadas ao tema.

1.1

História do empreendedorismo

Empreendedorismo é um conceito que vem sendo abordado nas discussões acadêmicas e nos estudos sobre administração, haja vista a necessidade de se explorarem áreas antes não procuradas. Tal fato vem sendo verificado paralelamente ao processo de privatização que surgiu também com a abertura do comércio interno para a concorrência externa, o que trouxe maior competitividade aos mercados. Nesse contexto, destaca-se o empreendedorismo, definido como um conjunto de hábitos e características pessoais com base na captação de ideias e iniciativas, transformadas em oportunidades de negócios (Filion, 1997).

O empreendedorismo refere-se às qualificações do indivíduo que de uma forma especial e inovadora se dedica às atividades que desenvolve. Essas atividades podem ser realizadas em uma organização, as quais, nesse caso, caracterizariam o intraempreendedorismo, ou podem ser atividades iniciantes ou de alguém que concretiza um sonho. O empreendedor, com sua forma de agir e lutar por seus objetivos, inova em qualquer área e modifica uma prática ou a maneira de iniciar um negócio.

Dornelas (2008) ressalta que se pode atribuir a Marco Polo o primeiro exemplo de empreendedorismo. Ele tentou estabelecer uma rota comercial para o Oriente, assinando um contrato com um comerciante bem-sucedido da época, com o qual as mercadorias seriam negociadas. Dessa forma, o risco seria reduzido, já que as vendas seriam efetuadas diretamente com o comerciante – aqui nominado *capitalista* –, que arcaria com os riscos relativos às mercadorias. Assim, o autor define o **empreendedor** como "o aventureiro", aquele que correria os riscos físicos e emocionais, e o **capitalista** como o indivíduo que assumiria o risco de forma passiva.

Schumpeter (1978) associa empreendedorismo aos conceitos de desenvolvimento econômico, aproveitamento das oportunidades e inovação. Para esse autor, "o empreendedor é aquele que destrói a ordem econômica existente pela introdução de novos produtos e serviços, pela criação de novas formas de organização ou pela exploração de novos recursos e materiais" (Schumpeter, citado por Dornelas, 2008, p. 22).

Ainda na visão de Schumpeter (1978),

> o empreendedor é o agente do processo de destruição criativa e, sendo assim, considera este como o impulso fundamental que aciona e mantém em marcha o motor capitalista, constantemente criando novos produtos, novos mercados e, implacavelmente, sobrepondo-se aos antigos métodos menos eficientes e mais caros.

O autor define o empreendedor como o indivíduo que percebe as oportunidades, principalmente quando se trata de aspectos relacionados a mundanças tecnológicas. Com isso, percebemos que a ênfase da abordagem de Schumpeter é a inovação. Nessa linha de pensamento, destacam-se os exemplos de Henry Ford e Graham Bell, entre outros que se utilizaram de tecnologias para proporcionar mudanças significativas e inovadoras no mercado. Desse modo, para Schumpeter (1978), o empreendedor pode ser descrito como o indivíduo impetuoso, de espírito livre e com habilidades para gerar inovações tecnológicas capazes de promover a competitividade mercadológica.

Nesse sentido, podemos definir o empreendedor como o indivíduo que transforma e que, assim, caracteriza-se como o motor do crescimento econômico, embora, conforme já salientado, não seja movido apenas pelo lucro, mas pelo desejo de criar, pelo entusiasmo em realizar um sonho e provar sua superioridade perante os outros.

Em 1967, Kenneth E. Knight e, em 1970, Peter F. Drucker, ao abordarem o tema, atribuíram ao termo *empreendedor* o conceito de pessoa que se arrisca em um negócio e, assim, associaram o conceito de risco ao de empreendedorismo. Uma definição bastante aceita foi introduzida em 1985 por Gifford Pinchot, que utilizou o termo *intraempreendedor*, ou seja, o autor referiu-se ao conceito de empreendedorismo, porém voltando-se para o indivíduo que se desenvolve dentro de uma organização – uma pessoa empreendedora, criativa, inovadora e com capacidade de fazer sucesso.

Tangenciado a ciência econômica, o termo *empreendedor* é pouco citado nos modelos clássicos de desenvolvimento econômico, haja vista os autores que abordaram o tema não estarem tão diretamente envolvidos com tal modelo. Mesmo assim, as contribuições destacadas por autores da área, como Say e Schumpeter, sempre são evidenciadas pelos estudos que tratam do tema.

Nessa perspectiva, Filion (1997) descreve duas categorias de empreendedores: os organizadores de negócios, que estariam mais ligados à teoria clássica descrita por Say, Knight e Kirzner, e os inovadores, descrito por Schumpeter.

Dornelas (2008) aponta Richard Cantillon, economista irlandês de renome na atualidade, como um dos criadores do termo *empreendedorismo,* ao diferenciar a pessoa do empreendedor (aquele que assume o risco) da pessoa do capitalista (o que detém o capital).

Conforme já observado acerca do campo da ciência econômica, Say (citado por Filion, 1997) define o empreendedor como o indivíduo que transfere recursos econômicos e, dessa forma, movimenta a economia. Assim, ao fazer essa movimentação de recursos, financeiros ou humanos, de um setor para outro, consegue promover a melhora da *performance* de um setor com baixa produtividade e torná-lo mais produtivo. Contudo, vamos novamente enfatizar que Schumpeter (1978) foi o primeiro a destacar a pessoa do empreendedor no contexto do pensamento econômico (Mintzberg; Quimm, 2001). Tais autores ainda ressaltam que o empreendedor se caracteriza como o indivíduo que coloca a sua ideia em prática, com valor lucrativo, financeiro ou social, e não simplesmente como aquele que a idealiza ou somente concretiza uma ideia de outrem.

Vale ainda citar que Cantillon (citado por Dornelas, 2008) foi um dos primeiros autores a fazer a diferenciação entre os termos *empreendedor* e *capitalista*, definindo o capitalista como aquele que entra com a participação financeira no negócio e o empreendedor como o indivíduo que assume os riscos do negócio, aquele que tem a ideia e a coloca em prática.

No entanto, somente no século XVIII é que as figuras do empreendedor e do capitalista foram finalmente distinguidas. Essa distinção tem sido frequentemente citada pelos autores que abordam o tema *empreendedorismo* e atribuída à Revolução Industrial que acontecia no mundo, à época (Dornelas, 2008).

Outra questão pertinente a observar, que foi muito frequente nos séculos XIX e XX e que ainda nos dias atuais se percebe, é a analogia que se faz entre empreendedores e administradores. No passado, ambos eram somente analisados do ponto de vista econômico, ou seja, somente lhes era atribuída a função de organizadores da empresa, porém sempre a serviço do capitalista. Voltaremos às diferenças entre empreendedor e administrador na próxima seção.

No Brasil, o Serviço Brasileiro de Apoio às Micro e Pequenas Empresas (Sebrae) tem sido considerado o órgão responsável por implantar a cultura do empreendedorismo, quer seja nas universidades, quer seja no mercado como um todo, com o intuito de orientar os pequenos empresários no momento da abertura de seus negócios e no desempenho de suas atividades.

Na visão de Dornelas (2008, p. 11), o Brasil entra neste milênio com potencial para desenvolver "um dos maiores programas de empreendedorismo de todo o mundo, comparável apenas aos Estados Unidos, onde mais de 2.000 escolas ensinam empreendedorismo".

Para ilustrar tal fato, serão descritas adiante, no Quadro 1.1, algumas ações que apontam para essa direção.

1.2

Administrador e empreendedor: principais aspectos que os caracterizam

Da mesma forma que nos séculos XIX e XX, é muito comum a confusão entre os termos *administrador* e *empreendedor*. Numa conceituação bem objetiva, podemos dizer que um empreendedor normalmente se torna um administrador; já o administrador nem sempre é ou foi um empreendedor. Uma das principais características do empreendedor é que este direciona suas ações para o aspecto relacionado ao campo estratégico nas organizações, ao passo que o administrador fica mais limitado às suas atividades do dia a dia.

Dornelas (2008 p. 18-19) ressalta que "as diferenças entre os domínios empreendedor e administrativo podem ser comparadas em cinco dimensões distintas de negócio: orientação estratégia, análise das oportunidades, comprometimento dos recursos, controle dos recursos e estrutura gerencial".

O Quadro 1.1, a seguir, mostra detalhadamente os domínios empreendedor e administrativo.

Quadro 1.1 – Comparação entre os domínios empreendedor e administrativo

Domínio empreendedor		Domínio administrativo	
Pressões nessa direção	Dimensões-chave do negócio		Pressões nessa direção
Mudanças rápidas: 1) Tecnológicas 2) Valores sociais 3) Regras políticas	Dirigido pela percepção de oportunidades.	Orientação estratégica.	Dirigido pelos recursos atuais sob controle.	Critérios de medição de desempenho; sistemas e ciclos de planejamento.
Orientações para a ação; decisões rápidas; gerenciamento de risco.	Revolucionário com curta duração.	Análise das oportunidades.	Revolucionário de longa duração.	Reconhecimento de várias alternativas; negociação da estratégia; redução do risco.
Falta de previsibilidade das necessidades; falta de controle exato; necessidade de aproveitar mais oportunidades; pressão por mais eficiência.	Em estágios periódicos, com mínima utilização em cada estágio.	Comprometimento dos recursos.	Decisão tomada passo a passo, com base em um orçamento.	Redução dos riscos pessoais; utilização de sistemas de alocação de capital e de planejamento formal.
Risco de obsolescência; necessidade de flexibilidade.	Uso mínimo dos recursos existentes ou aluguel dos recursos extras necessários.	Controle dos recursos.	Habilidade no emprego dos recursos.	Poder, *status* e recompensa financeira; medição da eficiência; inércia e alto custo das mudanças; estrutura da empresa.

(continua)

(Quadro 1.1 – conclusão)

Domínio empreendedor				Domínio administrativo
Pressões nessa direção	Dimensões-chave do negócio			Pressões nessa direção
Coordenação das áreas-chave de difícil controle; desafio de legitimar o controle da propriedade; desejo dos funcionários de serem independentes.	Informal, com muito relacionamento pessoal.	**Estrutura gerencial.**	Formal, com respeito à hierarquia.	Necessidade de definição clara de autoridade e responsabilidade; cultura organizacional; sistemas de recompensa; inércia dos conceitos administrativos.

Fonte: Adaptado de Dornelas, 2008, p. 20.

Um fato que vale ser destacado é que, segundo Dornelas (2008, p. 18), quando a organização cresce, geralmente os empreendedores sentem dificuldades nos momentos diários de tomada de decisão, pois se preocupam mais com "os aspectos estratégicos, com os quais se sentem mais à vontade".

Ainda, no que tange às diferenças e às semelhanças entre empreendedores e administradores, destacamos, no Quadro 1.2, algumas características específicas que caracterizam ações comuns dos gerentes tradicionais (administradores) e dos empreendedores, divididas por temas.

Quadro 1.2 – Comparação entre gerentes tradicionais e empreendedores

Temas	Gerentes tradicionais	Empreendedores
Motivação principal	Promoção e outras recompensas tradicionais da corporação, como secretária, *status* e poder.	Independência, oportunidade para criar algo novo, ganhar dinheiro.
Referência de tempo	Curto prazo, gerenciando orçamentos semanais, mensais etc. e com horizonte de planejamento anual.	Sobreviver e atingir 5 a 10 anos de crescimento do negócio.
Atividade	Delega e supervisiona.	Envolve-se diretamente.
Status	Preocupa-se com o *status* e com o modo como é visto na empresa.	Não se preocupa com o *status*.
Como vê o risco	Com cautela.	Assume riscos calculados.
Falhas e erros	Tenta evitar erros e surpresas.	Aprende com erros e falhas.

(continua)

(Quadro 1.2 – conclusão)

Temas	Gerentes tradicionais	Empreendedores
Decisões	Geralmente concorda com seus superiores.	Segue seus sonhos para tomar decisões.
A quem serve	Aos outros (superiores).	A si próprio e a seus clientes.
Histórico familiar	Membros da família trabalharam em grandes empresas.	Membros da família possuem pequenas empresas ou já criaram algum negócio.
Relacionamento com outras pessoas	A hierarquia é a base do relacionamento.	As transações e os acordos são a base do relacionamento.

Fonte: Adaptado de Dornelas, 2008, p. 21

Embora algumas definições básicas de *empreendedorismo* já tenham sido mencionados nos tópicos vistos, apresentaremos a seguir como o conceito é definido sob a ótica de vários autores que escrevem sobre o assunto.

1.3

Conceitos de empreendedorismo

Para Dolabela (1999, p. 43), o termo *empreendedorismo* é um "neologismo derivado da livre tradução da palavra *entrepreneurship* e utilizado para designar os estudos relativos ao empreendedor, seu perfil, suas origens, seu sistema de atividades, seu universo de atuação".

Conforme comentado no tópico acerca do histórico do empreendedorismo, o economista Schumpeter, em 1950, definiu o empreendedor como a pessoa que tem a capacidade e a criatividade necessárias para fazer sucesso por meio de inovações.

Dornelas (2008, p. 23) destaca que o empreendedor é o indivíduo que detecta uma oportunidade e cria um negócio a fim de torná-lo lucrativo e, para tal, assume seus riscos. O autor ressalta ainda que, em qualquer definição de empreendedorismo, devem estar presentes os seguintes pontos:

- Ter iniciativa para criar um novo negócio e paixão pelo que faz.

- Utilizar os recursos disponíveis de forma criativa, transformando o ambiente social e econômico onde vive.
- Aceitar a ideia de assumir riscos calculados e a possibilidade de fracassar.

Sob essa ótica, podemos claramente vislumbrar que, ao nos referirmos ao conceito de *empreendedorismo,* não estamos somente nos reportando àqueles que abrem um negócio, como é comum ouvirmos em nosso cotidiano. Para Dornelas (2008, p. 22), *empreendedorismo* é o "envolvimento de pessoas e processos que, em conjunto, levam à transformação de ideias em oportunidades". Já Pimentel (2008, p. 12) enfatiza que o empreendedorismo "estuda os desígnios relativos ao empreendedor, seu sistema de atividades e seu universo de atuação". O autor explica ainda que o termo se refere às atividades de quem se dedica a gerar riquezas nas mais diversas áreas, como produção, *marketing* e organização.

No que tange ao empreendedorismo como um aspecto da economia, vale atentar para o fato de o Brasil ser um país que apresenta bons números de empreendedores em comparação com outros países, conforme podemos observar na Tabela 1.1, na qual são destacadas as pesquisas desenvolvidas pelo Global Entrepreneurship Monitor (GEM) em diversos países.

Tabela 1.1 – Painel de evolução dos empreendedores iniciais (TEA) entre 2001 e 2007 por grupo de países

Grupo de países/ Países	Ano						
	2001	2002	2003	2004	2005	2006	2007
Brasil	14,20	13,53	12,90	13,55	11,32	11,65	12,72
Membros do G7							
Reino Unido	7,80	5,37	6,36	6,19	6,22	5,77	5,53
Estados Unidos	11,61	10,51	11,94	11,33	12,44	10,03	9,61
Itália	10,16	5,90	3,19	4,32	4,94	3,47	5,01
Japão	5,19	1,81	2,76	1,48	2,20	2,90	4,34
França	7,37	3,20	1,63	6,03	5,35	4,39	3,17

(continua)

(Tabela 1.1 – conclusão)

Grupo de países/ Países	Ano						
	2001	2002	2003	2004	2005	2006	2007
BRIC							
Rússia	6,93	2,52	–	–	–	4,86	2,67
China	–	12,34	11,59	–	13,72	16,19	16,43
Hong Kong	–	3,44	3,23	2,97	–	–	9,95
Índia	11,55	17,88	–	–	–	10,42	8,53
Sul-americanos							
Uruguai	–	–	–	–	–	12,56	12,21
Venezuela	–	–	27,31	–	25,00	–	20,16
Argentina	11,11	14,15	19,70	12,84	9,49	10,24	14,40
Chile	–	15,68	16,87	–	11,15	9,19	13,43
Colômbia	–	–	–	–	–	22,48	22,72
Peru	–	–	–	40,34	–	40,15	25,89

Fonte: Pesquisa GEM, 2007, citado por Passos et al., 2008, p. 28.

Conforme demonstrado na Tabela 1.1, no Brasil é notável o número de empreendedores – 13 para cada 100 –, ficando à frente de países como Estados Unidos, Japão e França.

1.4

O empreendedorismo pode ser ensinado ou é uma característica nata?

Conforme mencionado anteriormente, comumente se achava que o empreendedor tinha um talento nato, que a pessoa já nascia com espírito empreendedor e que, se não tivesse a sorte de nascer assim, jamais poderia tornar-se um empreendedor. Essa questão, um tanto polêmica, vem sendo debatida por vários autores, porém sem se chegar a uma definição conclusiva acerca do tema. No entanto, considerando características atribuídas ao empreendedor, podemos perceber que nem sempre uma pessoa nasce com a predisposição para ser um empreendedor, mas, ainda assim, pode se tornar um empreendedor de sucesso.

Para Filion (citado por Salim et al., 2004, p. 7), "o treinamento para a atividade empreendedora deve capacitar o empreendedor para imaginar e identificar visões, desenvolver habilidades para sonhos realistas", enquanto o treinamento para gerentes "enfatiza as habilidades analíticas".

Sob tal enfoque, vale destacar que realmente ensinar uma pessoa a ser empreendedora talvez não seja possível, mas, sim, fazê-la enxergar suas disposições para tornar-se um empreendedor. Como ressaltado por Filion (1997), o ensino do empreendedorismo deve possibilitar que o indivíduo identifique visões diferentes das estimuladas no processo de ensino voltado ao administrador, no qual se deve enfatizar as habilidades de fazer análises.

Nesse sentido, entendemos que se faz necessária uma mudança nas formas de se conduzir o processo de ensino, ou seja, é importante desenvolver habilidades nos docentes a fim de conseguirem adaptar-se a essa nova realidade com foco diferente do tradicionalmente assumido. Dolabela (2008) relata que a inspiração para escrever seu livro *O segredo de Luísa* deu-se em parte em virtude de experiências vivenciadas em sala de aula, trazidas por empreendedores. Dessa forma, podemos perceber que a prática motiva bastante o discente.

Dornelas (2008) observa que o ensino do empreendedorismo pode variar de instituição para instituição, conforme já destacamos, e, principalmente, de professor para professor. Entretanto, ele enfatiza a importância de os cursos se concentrarem em identificar e entender as habilidades do empreendedorismo e a forma de reconhecer as oportunidades. Outro fator relevante no que se refere ao ensino diz respeito à necessidade de identificação dos processos de inovação e empreendedorismo, além da importância desses fatores para o fomento econômico na gestão de uma empresa e, também, do país como um todo. O autor classifica em três áreas as habilidades requeridas de um empreendedor, fundamentais para formar a base de um curso de empreendedorismo:

- **Técnicas:** envolvem saber escrever, ouvir as pessoas, ser organizado, saber liderar, trabalhar em equipe e ter *know-how* técnico de sua área.
- **Gerenciais:** envolvem as áreas de criação, desenvolvimento e gerenciamento de uma nova empresa (*marketing*, administração, finanças, operacional, produção, tomada de decisão, controle das ações da empresa e ser um bom negociador).
- **Características pessoais:** envolvem características como ser disciplinado, assumir riscos, ser inovador, orientado a mudanças, ser persistente e um líder visionário.

Dessa forma, uma medida de suma importância é a implantação do ensino de empreendedorismo nas instituições, tanto na educação básica ou nos cursos técnicos quanto nos cursos de graduação e pós-graduação.

Entendida a importância do ensino do empreendedorismo, destacaremos, na seção a seguir, algumas características identificadas nos empreendedores.

1.5

Características dos empreendedores

O empreendedor de sucesso apresenta algumas características que o diferenciam do administrador, conforme observado anteriormente.

De acordo com Dolabela (1999), é possível destacar diversos pontos que caracterizam um empreendedor: uma pessoa que influencia, que tem otimismo, autonomia, autoconfiança, perseverança e tenacidade para vencer obstáculos. O autor ressalta ainda que o empreendedor considera o fracasso um resultado como outro qualquer, é dedicado ao trabalho e sabe fixar metas e alcançá-las. Assume os riscos, "gosta de risco, mas faz tudo para minimizá-los; tem alta tolerância à ambiguidade e à incerteza; e mantém um alto nível de consciência do ambiente em que vive, usando-a para detectar oportunidades de negócios" (Dolabela, 1999, p. 71-72).

Ainda com referência às características dos empreendedores, o quadro elaborado por Dornelas (2008), reproduzido a seguir, é bastante elucidativo.

Quadro 1.3 – Características dos empreendedores de sucesso

Características dos empreendedores de sucesso	
São visionários	Eles têm a visão de como será o futuro para seu negócio e sua vida, e o mais importante: eles têm habilidade de implementar seus sonhos.
Sabem tomar decisões	Eles não se sentem inseguros, sabem tomar decisões corretas na hora certa, principalmente nos momentos de adversidade, sendo isso um fator-chave para o seu sucesso.
São indivíduos que fazem a diferença	Os empreendedores transformam algo de difícil definição, uma ideia abstrata, em algo concreto, que funciona transformando o que é possível em realidade.
Sabem explorar ao máximo as oportunidades	Para os visionários, as boas ideias são geradas daquilo que todos conseguem ver, mas não identificaram algo prático para transformá-las em oportunidade, por meio de dados e informação.
São determinados e dinâmicos	Eles implementam suas ações com total comprometimento. Atropelam as adversidades, ultrapassando os obstáculos, com vontade ímpar de "fazer acontecer". Mantêm-se sempre dinâmicos e cultivam certo inconformismo diante da rotina.
São otimistas e apaixonados pelo que fazem	Eles adoram o trabalho que realizam. O otimismo faz com que sempre enxerguem o sucesso, em vez de imaginar o fracasso.
São independentes e constroem o próprio destino	Eles querem estar à frente das mudanças e ser donos do próprio destino.
Ficam ricos	Ficar rico não é o principal objetivo dos empreendedores. Eles acreditam que o dinheiro é consequência do sucesso dos negócios.
São líderes e formadores de equipes	Os empreendedores têm um senso de liderança incomum. São respeitados e adorados por seus funcionários, pois sabem valorizá-los, estimulá-los e recompensá-los, formando um time.
São bem relacionados (networking)	Os empreendedores sabem construir uma rede de contatos que auxiliam no ambiente externo da empresa, com clientes, fornecedores e entidades de classe.
São organizados	Os empreendedores sabem obter e alocar os recursos materiais, humanos, tecnológicos e financeiros, de forma racional, procurando o melhor desempenho para o negócio.
Possuem conhecimento	São sedentos pelo saber e aprendem continuamente, pois sabem que quanto maior o domínio sobre um ramo de negócio, maior é sua chance de êxito.

(continua)

(Quadro 1.3 – conclusão)

Características dos empreendedores de sucesso	
Criam valor para a sociedade	Os empreendedores utilizam seu capital intelectual para criar valor para a sociedade, com a geração de empregos, dinamizando a economia e inovando, sempre usando sua criatividade em busca de soluções para melhorar a vida das pessoas.

Fonte: Dornelas, 2008, p. 17-18.

Numa síntese das características dos empreendedores, Dornelas (2008) cita como aspectos comuns encontrados na maioria deles os relacionados a seguir:

- busca de oportunidades e iniciativa;
- persistência;
- correr riscos calculados;
- exigência de qualidade e eficiência;
- comprometimento;
- busca de informações;
- estabelecimento de metas;
- planejamento e monitoramento sistemático;
- persuasão e rede de contatos;
- independência e autoconfiança.

Nesse sentido, podemos observar que, para identificar alguém como empreendedor, é necessário que nesse indivíduo sejam observadas algumas características bastante específicas, já detectadas por pesquisadores que escrevem sobre esse tema.

2

Empreendedorismo na prática

É importante salientar que no dia a dia e a cada instante podemos nos deparar com verdadeiros empreendedores, pessoas que nas suas profissões, até nas mais comuns, desempenham suas funções de forma a se caracterizarem como empreendedores de sucesso. Nas seções deste capítulo, veremos como se identificam oportunidades e como se caracteriza um empreendedor. Também analisaremos os tipos de empreendedores, os mitos e as verdades acerca do tema e, ainda, o papel da motivação e da liderança nesse contexto.

2.1

Empreendedorismo: como identificar oportunidades

Costuma-se dizer que a oportunidade não bate à porta, que devemos correr atrás dela. Como mencionamos no capítulo anterior, um empreendedor é aquele indivíduo que tem visão, que cria ideias; porém, sabemos que uma ideia por si só não basta. Nesse sentido, o empreendedor é aquele que tem uma ideia e consegue colocá-la em prática.

Também conforme comentamos no capítulo anterior, as características relacionadas ao empreendedorismo não são inatas; assim, qualquer indivíduo pode se tornar um empreendedor.

Outro equívoco que normalmente vemos propagado se refere ao pensamento de que uma ideia deve ser única. Na verdade, não importa o fato de a ideia ser ou não única, mas a forma como o empreendedor a utilizará. Oportunidades podem, sim, ser únicas e, portanto, não devem ser desperdiçadas. Dornelas (2008, p. 37) é enfático ao colocar que "uma ideia sozinha não vale nada; em empreendedorismo, elas surgem diariamente. O que importa é saber desenvolvê-las, implementá-las e construir um negócio de sucesso".

Dessa forma, devemos compreender que o importante é estar atento às oportunidades e não ficar à espera de uma ideia revolucionária, pois, como sabemos pela história, estas são raras. Muitas vezes, a ideia pode já existir e o que um empreendedor faz é enxergar uma necessidade e adaptar o produto fruto (da ideia) a ela. Sobre esse aspecto, Dornelas (2008, p. 38) esclarece que, para ser considerado um empreendedor, "o que conta não é ser o primeiro a pensar e ter uma ideia revolucionária, mas sim o primeiro a identificar uma necessidade de mercado e saber como atendê-la, antes que outros o façam".

É importante salientarmos que, mesmo com uma ideia brilhante, alguém somente se tornará um empreendedor de sucesso se desenvolver características específicas, como ter visão de negócio, ser pragmático e identificar suas próprias deficiências.

Pimentel (2008, p. 34) destaca que diariamente temos inúmeros pensamentos e que estes podem ou não gerar ideias de negócio. Explica o autor que "uma ideia representa apenas 5% do potencial de sucesso" e que "os outros 95% estão localizados na identificação de oportunidades com relação à ideia, sua aplicação prática, se existe mercado para ela e se há condições de implantá-la".

Então, qual é a diferença entre uma ideia e uma oportunidade no contexto de empreendedorismo?

Com base na colocação de Dornelas (2008, p. 39), fica clara a distinção entre esses dois conceitos. O autor alerta para a necessidade de atentarmos a algumas perguntas básicas que, se respondidas com exatidão, podem fazer com que o negócio se transforme em sucesso:

- Quais são os clientes que comprarão o produto ou o serviço de sua empresa?
- Qual é o tamanho atual do mercado em reais e em número de clientes?
- O mercado está em crescimento, estável ou estagnando?
- Quem atende esses clientes atualmente, ou seja, quem são os seus concorrentes?

Se todas essas questões não forem respondidas com dados concretos, temos apenas uma ideia, e não uma oportunidade de mercado. No Quadro 2.1 estão descritas algumas formas de se identificar uma oportunidade e algumas tendências que se tornam oportunidades.

Quadro 2.1 – Identificando oportunidades

O que é uma oportunidade?	Para qualificar-se como uma oportunidade, é preciso que o mercado se convença dos benefícios dos produtos e serviços a serem oferecidos pela empresa;
	O mercado determina as possibilidades de uma ideia tornar-se uma oportunidade de investimento;
	Transformar uma ideia em oportunidade requer tempo e esforço;
	Uma oportunidade deve estar ancorada nas necessidades dos consumidores e numa situação de mercado favorável;
	Alguns modismos representam riscos, pois são oportunidades passageiras.
O mundo gira e os negócios mudam	A globalização, a tecnologia e a valorização do conhecimento trazem mudanças que se refletem nos negócios;
	É necessário acompanhar as novas tendências, desenvolvendo negócios alinhados às necessidades dos clientes.
Tendências que geram oportunidades de negócios	Desenvolvimento de parcerias com os clientes;
	Globalização econômica: tendência à unificação de mercados;
	Valorização do conhecimento;
	Reconhecimento da importância do consumidor;
	Desenvolvimento de alianças estratégicas com fornecedores e parceiros;
	Adoção de estratégias de inovação, padronização e adaptação aos clientes;
	Empreendimentos concorrentes com formatos diversos;
	Valorização do capital intelectual;
	Diferenciação pelo serviço prestado ao cliente.

Fonte: Sebrae, 2011, p. 25.

Um aspecto importante para o qual vários autores alertam e que consta no Quadro 2.1 é o fator "modismo", que muitas vezes as pessoas confundem com oportunidade, principalmente atentando para a questão do momento em que a ideia foi gerada (*timing*), mais especificamente se o produto estiver relacionado à tecnologia, que evolui muito rapidamente, encurtando o ciclo de vida do produto. Desse modo, ressaltamos a importância do planejamento de uma atividade que será implementada após o surgimento de uma ideia, pois assim é possível identificar se se trata de modismo ou de uma oportunidade real.

Pimentel (2008, p. 34) destaca que, antes de se tentar colocar uma ideia em prática, é preciso atentar para os seguintes fatores:

1. Estratégia: é o chamado planejamento estratégico.
2. Técnica: é sobre como, quando, onde e o que fazer.
3. Ferramenta: use sempre os utensílios que facilitem a realização de tarefas diversas. A maior ferramenta que possuímos é o nosso cérebro.

O autor observa que uma ideia pode ser desenvolvida por várias pessoas ao mesmo tempo, ou seja, assim como você, outras pessoas em outros lugares podem também estar trabalhando no mesmo objetivo, e, nesse caso, "será vitorioso quem implementar mais rapidamente e de forma que atenda às necessidades do mercado" (Pimentel, 2008, p. 34).

2.2

Como caracterizar um empreendedor

Com o intuito de esclarecer as diversas maneiras de se caracterizar o empreendedor, considerando o fato de o empreendedorismo ainda não ser considerado uma ciência, como sinaliza Dolabela (1999), apresentamos no Quadro 2.2 as principais características empreendedoras, na visão de diferentes autores e épocas.

Quadro 2.2 – Características empreendedoras (por vários autores)

Ano	Autor	Principais características empreendedoras encontradas
1848	Mill	Assumir riscos.
1917	Weber	Autoridade formal.
1934	Schumpeter	Inovação, iniciativa.
1954	Sutton	Desejo de responsabilidade.
1959	Hartman	Autoridade formal.

(continua)

(Quadro 2.2 – continuação)

Ano	Autor	Principais características empreendedoras encontradas
1961	McClelland	Assumir riscos, necessidade de realização, otimismo, relacionamento (afiliação), poder, autoconsciência.
1963	Davids	Ambição, desejo de independência, responsabilidade, autoconfiança.
1964	Pickle	Foco, relacionamento, habilidade de comunicação, conhecimento técnico.
1969	Gould	Percepção de oportunidade, motivada pela realização.
1969	Wainer & Rubin	Realização, poder e afiliação.
1970	Collins & Moore	Satisfação e prazer pelo que faz.
1970	Hornaday & Bunker	Necessidade de realização, inteligência, criatividade, iniciativa, liderança, desejo de ganhar dinheiro, desejo de reconhecimento, orientado à realização, poder, tolerância às incertezas.
1971	Palmer	Mensuração do risco.
1971	Hornaday & Aboud	Necessidade de realização, autonomia/independência, histórico familiar, agressividade, poder, reconhecimento, inovação, independência.
1972	Drahein	Experiência, credibilidade.
1972	Howell	Influências (modelos de referência).
1973	Winter	Necessidade de poder.
1974	Borland	Autocontrole.
1974	Liles	Necessidade de realização.
1977	Gasse	Orientado a valores pessoais.
1978	Timmons	Foco/centrado, autoconfiança, orientado à meta, risco calculado, autocontrole, criatividade, inovação.
1979	DeCarlo & Lyons	Realização, independência e liderança.
1980	Brockhaus	Propensão a assumir riscos.
1980	Hull, Bosley & Udell	Interesse em fama e dinheiro, autocontrole, propensão a assumir riscos, criatividade, realização.
1980	Sexton	Energia/ambição, reação positiva ao fracasso (superação).
1981	Hisrich & O'Brien	Autodisciplina, perseverança, desejo de sucesso, orientado pela ação, orientado a metas.

(continua)

(Quadro 2.2 – conclusão)

Ano	Autor	Principais características empreendedoras encontradas
1981	Mescon & White	Necessidade de controlar, busca por responsabilidade, autoconfiança, assume desafios, risco calculado.
1982	Dunkelberg & Cooper	Orientado ao crescimento, senso de independência, especialização.
1982	Welsch e Young	Autocontrole, maquiavelismo, autoestima, assume riscos, aberto a inovação, otimismo.

Fonte: Dornelas, 2007, p. 2-3.

A síntese apresentada nesse quadro é resultado de uma pesquisa de Dornelas (2007), na qual fez uma compilação das características empreendedoras mais citadas, com o intuito de constatar se existia discrepância entre as diferentes abordagens ou não.

O autor concluiu que não existem muitas divergências nas formas de se caracterizar o empreendedor ao longo das últimas décadas, "com destaque para capacidade de correr riscos, independência/autonomia, capacidade de inovar e necessidade de realização" (Dornelas, 2007, p. 3).

Nesse sentido, considerando os aspectos que tiveram mais ênfase, convém atentarmos para a definição de Dornelas (2008, p. 8): "O empreendedor é aquele que faz acontecer, se antecipa aos fatos e tem uma visão futura da organização".

2.3

Tipos de empreendedores

Conforme explicitado anteriormente, não existe um único tipo de empreendedor ou um modelo-padrão que possa ser identificado, podendo qualquer pessoa se tornar um empreendedor. Comumente, ao se mencionar o termo *empreendedorismo*, o que vem à mente são pessoas famosas, frequentemente em exposição na mídia, que gerenciam grandes empreendimentos e que, na maioria dos casos, são financeiramente bem-sucedidas. Se pensarmos por alguns segundos, vamos nos lembrar de vários nomes, como Bill Gates, Sílvio Santos e Thomas Edison. Nesse contexto, podemos nos fazer os seguintes questionamentos:

- Tais empreendedores são natos ou foram preparados?
- Tiveram influência de familiares ou não?
- São empreendedores corporativos, sociais, por necessidade ou por oportunidade?

Pensando mais profundamente sobre o assunto, podemos perceber que ser empreendedor vai muito além de simplesmente ter uma ideia brilhante. Dornelas (2007, p. 11-14) elenca alguns tipos de empreendedores, descobertos mediante a pesquisa realizada com 399 empreendedores.

- **O empreendedor nato (mitológico)**: é aquele que começa do nada, que inicia muito cedo a jornada de trabalho e, portanto, adquire habilidade de negociação. É visionário e otimista, e suas referências são os valores familiares e religiosos.
- **O empreendedor que aprende (inesperado)**: é a pessoa que vê a oportunidade bater à porta, seja por um convite para a sociedade em um negócio, seja quando, por si mesma, descobre que pode criar um negócio próprio. Pessoas que se encaixam nesse perfil são aquelas que pensam em alternativas para a aposentadoria.

- **O empreendedor serial (cria novos negócios)**: é a pessoa apaixonada por desafios e pela ideia de algo novo.
- **O empreendedor corporativo**: esse tipo tem sido evidenciado nos últimos anos, dada a necessidade de se inovar e de se renovar a administração nas organizações em decorrência da competitividade dos mercados. Trata-se de pessoas que atuam visando ao crescimento dentro da empresa, que sabem autopromover-se e são ambiciosas, porém que, se saírem da empresa para criarem seu próprio negócio, podem não obter sucesso pelo fato de serem acostumadas às regalias do mundo corporativo.
- **O empreendedor social**: a missão de sua vida é construir um mundo melhor; logo, está sempre envolvido em causas humanitárias e demonstra um desejo imenso de mudar o mundo. Pessoas assim têm um papel social relevante, principalmente em países em desenvolvimento.
- **O empreendedor por necessidade**: como o próprio nome sugere, a criação de um negócio se dá por falta de alternativas, em consequência de uma demissão ou da falta de condições de ingressar no mercado de trabalho. São iniciativas simples, pouco inovadoras e, geralmente, informais.
- **O normal (planejado)**: é aquele que se utiliza do planejamento para desenvolver um negócio, pois isso aumenta a probabilidade de este ser bem sucedido. Dessa forma, o empreendedor normal seria o mais completo se considerarmos a definição do termo, porém ainda são poucos que se enquadram nessa categoria.

Além dos tipos de empreendedores descritos por Dornelas, é interessante citarmos algumas categorias mencionadas por Pimentel (2008), como o empreendedorismo do profissional liberal, o empreendedorismo no governo, o empreendedorismo do funcionário e o empreendedorismo dos famosos. O autor destaca que qualquer profissional pode ser um empreendedor no desempenho de suas funções, como no caso do professor que incentiva e apoia os alunos, ou do médico que realmente se interessa pelo seu paciente, ou do político que se preocupa em desenvolver projetos sociais, entre outros.

Dessa forma, podemos constatar que diariamente estamos nos deparando com empreendedores, nas mais diversas áreas e profissões, e muitas vezes não sabemos identificá-los, passando, assim, despercebidos. Agora, entretanto, você já dispõe de alguns conhecimentos que lhe permitem reconhecer essas pessoas nos ambientes de sua convivência.

2.4

Empreendedor de sucesso: mitos e verdades

Como vimos nas seções anteriores, ser empreendedor não significa ser um empresário, tampouco ser uma pessoa autossuficiente, mas, simplesmente, não se contentar com a inalterabilidade das condições em que vive, tentar fazer o melhor, buscar superar as expectativas, enfim, vislumbrar sempre o horizonte.

Considerando concepções errôneas comumente disseminadas em nosso cotidiano, Dornelas (2008) buscou identificar ideias em suas pesquisas que pudessem traduzir o que é mito e o que é verdade sobre os empreendedores. Um dos critérios que o autor empregou foi identificar se o "empreendedor à frente do negócio aparentava ter características de um líder empreendedor ou apenas estava administrando sua empresa sem se preocupar em fazê-la crescer", ou seja, se existiam nele a vontade e o interesse de expandir seu negócio ou se ele se conformava somente com a sobrevivência. O autor usou o mesmo critério para avaliar os empreendedores corporativos.

A pesquisa também focou nos empreendedores que fossem sócios ou responsáveis pela gestão do negócio há pelo menos cinco anos. Tal período foi considerado levando-se em conta o fato de que as pesquisas demonstram que a grande maioria dos pequenos empreendimentos não sobrevive a esse período de tempo.

Vários aspectos foram analisados, como escolaridade, conhecimento, setor de atuação, *networking*, planejamento, riscos, fatores de influência para motivação, dedicação, fontes de recursos, modelos de referência, necessidade de sócios, visão, liderança e equipe. Os resultados demonstraram que muitos mitos eram criados em torno do empreendedor e que nem sempre eles correspondiam à realidade.

Um dos fatores a serem ressaltados refere-se ao nível de escolaridade, haja vista ser essa uma característica apontada também por outras pesquisas, como o relatório do Global Entrepreneurship Monitor (GEM), realizado em vários países, como aspecto relevante para o sucesso do negócio. Na pesquisa desenvolvida por Dornelas, o percentual de universitários foi de 69%, um índice bastante representativo.

Outro fator muito enfatizado pelo autor diz respeito à importância do planejamento, desfazendo-se, assim, o mito de que a intuição nos negócios é mais importante que o planejamento. Mesmo grande parte dos empreendedores ainda desconhecendo os modelos formais de planejamento, principalmente os referentes à elaboração do plano de negócios, foi constatado que o plano, muitas vezes, é realizado informalmente, não no formato-padrão, mas que, ainda assim, também não deixou de contribuir para o sucesso dos empreendimentos.

Outra questão comumente mencionada é "a sorte que algumas pessoas têm na vida". Esse mito é confundido com a ideia de "saber aproveitar as oportunidades", pois, como destacado pelo autor, "a percepção e o aproveitamento de oportunidades são características marcantes do empreendedor de sucesso" (Dornelas, 2007, p. 26).

Um fator que já elencamos como característica do empreendedor diz respeito ao fato de este "correr riscos"; porém, devemos constantemente lembrar que os riscos devem ser sempre calculados, diferentemente de como se imaginava – assumir riscos deliberadamente. Também como já enfocado, a principal motivação para o empreendedor nem sempre é o dinheiro, mas a realização de seus sonhos, a vontade de ter o próprio negócio, de ser o dono, de tornar sua ideia um negócio de sucesso.

Conhecer bem a atividade que se pretende implantar também é um fator importante para o sucesso de um empreendimento, pois aventurar-se em um segmento em que não se tem experiência torna ainda mais arriscado o negócio.

Salim et al. (2004, p. 7) explicam que o processo empreendedor foi mitificado ao longo do tempo. No Quadro 2.3 são apresentados alguns mitos que se consolidaram e que não refletem, segundo os autores, "as questões reais vividas pelo empreendedor".

Quadro 2.3 – Mitos e realidade sobre empreendedores

Mito	Realidade
Empreendedores não são feitos, nascem.	A capacidade criativa de identificar e aproveitar uma oportunidade vem depois de 10 anos de experiência, que conduz a um reconhecimento de padrões. O empreendedor é feito pela acumulação das habilidades, *know-how*, experiência e contatos em um período de tempo. Logo, empreendedores acumulam experiência e se preparam para o salto e mpreendedor.
Qualquer um pode começar um negócio.	Os empreendedores reconhecem a diferença entre ideias e oportunidades e pensam grande o suficiente para ter maiores chances de sucesso. A parte mais fácil é começar. Difícil é sobreviver. Talvez somente uma entre 10 a 20 novas empresas que sobrevivem 5 anos ou mais consiga obter ganho de capital.
Empreendedores são jogadores.	Empreendedores de sucesso assumem riscos calculados, minimizam riscos e tentam influenciar a sorte.
Empreendedores querem o espetáculo só para si.	O empreendedor individual geralmente ganha a vida. É difícil ter um negócio de alto potencial sozinho. Os empreendedores de sucesso constroem uma equipe. Acham que 100% de nada é nada. Eles trabalham para aumentar o bolo, em vez de tirar a maior parte dele.
Empreendedores são os seus próprios chefes e completamente independentes.	Está longe de ser independente e serve a muitos senhores (sócios, investidores, clientes, fornecedores, empregados, credores, família etc.).
Empreendedores trabalham mais tempo e mais duro do que gerentes em grandes empresas.	Não há evidências nas pesquisas, cujos resultados às vezes dizem que sim, às vezes que não.

(continua)

(Quadro 2.3 – conclusão)

Mito	Realidade
Empreendedores experimentam grande estresse e pagam alto preço.	É verdade, mas não mais que em outras profissões. Mas eles acham o seu trabalho mais gratificante. São mais ricos e não querem se aposentar.
Começar um negócio é arriscado e frequentemente acaba em falência.	Os empreendedores talentosos e experientes (que sabem identificar e agarrar oportunidades e atrair os recursos financeiros e outros) frequentemente alcançam o sucesso. Além disso, a empresa entra em falência, mas o empreendedor não. A falência é, muitas vezes, o fogo que tempera o aço da experiência de aprendizado do empreendedor.
Dinheiro é o mais importante ingrediente para se começar o negócio.	Se as outras partes e talentos existirem, o dinheiro virá. Não quer dizer que, se o empreendedor tem dinheiro, terá sucesso. O dinheiro é um dos ingredientes menos importantes. É, para o empreendedor, o que o pincel e a tinta são para o pintor: ferramenta inerte que, nas mãos certas, pode criar maravilhas. Mesmo depois de ter feito alguns milhões de dólares, um empreendedor irá trabalhar incessantemente numa nova visão para construir outra empresa.
Empreendedores devem ser novos e com energia.	Idade não é barreira. A idade média de empreendedores de sucesso (*higher potential business*) é de aproximadamente 35 anos, mas há inúmeros exemplos de empreendedores de 60 anos de idade. O que é importante: *know-how* e experiência de rede de relacionamentos.
Empreendedores são motivados pela busca do todo poderoso dólar.	Empreendedores de sucesso buscam construir empresas nas quais possam realizar ganhos de capital em longo prazo. Não procuram satisfação imediata de grandes salários e aparência. Buscam realização pessoal, controle dos seus próprios destinos e realização dos seus sonhos. O dinheiro é visto como uma ferramenta.
Empreendedores buscam poder e controle sobre terceiros.	O poder é antes um subproduto do que uma força motivadora. O empreendedor busca responsabilidade, realização e resultados.
Se o empreendedor é talentoso, o sucesso vai acontecer em um ou dois anos.	Raramente um negócio tem solidez em menos de três ou quatro anos. Máxima entre os capitalistas de risco: "O limão amadurece em dois anos e meio, mas as pérolas levam sete ou oito".
Qualquer empreendedor com uma boa ideia pode levantar capital.	Nos Estados Unidos, somente 1 a 3 em cada 100 conseguem capital.
Se um empreendedor tem capital inicial suficiente, não pode perder a chance.	O oposto é frequentemente verdade, isto é, muito dinheiro no princípio cria euforia e a "síndrome de criança estragada".

Fonte: Adaptado de Salim et al., 2004, p. 7-8.

Embora muitos mitos relacionados aos perfis, às características dos empreendedores sejam desfeitos, a verdade é que, "se houvesse fórmula de sucesso, não seriam chamados empreendedores. Empreendedores abrem seu próprio caminho para o que sonham, necessitam ou desejam" (Dornelas, 2007, p. 83).

2.5
Motivação, liderança e o perfil do empreendedor

Conforme Pimentel (2008, p. 22-23), alguns traços caracterizam o empreendedor de sucesso, como "saber administrar suas necessidades e frustrações, sem por elas se deixar dominar; ser capaz de manter a automotivação, mesmo em situações difíceis; ser capaz de aceitar e aprender com seus erros e com os erros dos outros".

Outro fator relevante é ser capaz de exercer a liderança, de motivar e de orientar outras pessoas com relação ao trabalho, ser criativo na solução de problemas, ser capaz de administrar bem o tempo e, acima de tudo, conhecer muito bem o ramo em que atua.

Nesse contexto, podemos observar, de forma clara, qual é o perfil do empreendedor, tornando-se mais fácil entender quais são os mitos e as verdade envolvidos em sua identificação.

Como podemos perceber, um aspecto bastante enfatizado por vários autores diz respeito à necessidade de **motivação**, desde os grandes executivos até os trabalhadores de chão de fábrica.

A própria história da administração, ao longo de suas diferentes abordagens, mostra-nos que, para que um indivíduo seja produtivo, ele deve estar motivado, podendo-se, para isso, utilizar diversas estratégias.

A palavra *motivação* deriva do latim *movere*, que significa "mover", e faz referência a um processo psicológico que determina a direção e a persistência no que se refere a uma determinada forma de se comportar (Maximiano, 1997). Com isso, a motivação é um fator essencial para nos mantermos estimulados a realizar nossas atividades diárias. Motivar pessoas é uma tarefa que deve fazer parte do dia a dia dos gestores, haja vista a necessidade de as pessoas precisarem estar motivadas para desempenharem suas funções; existe, porém, a dificuldade de se saber como motivar. Pessoas diferem entre si, e o que pode motivar alguém pode funcionar como fator de desmotivação para outro. Por exemplo: a promoção de um colega de equipe pode servir de motivação para uns, ao se espelharem nele e se sentirem impulsionados a melhorar seu desempenho a fim de conseguirem, também, ser promovidos, enquanto, para outros, pode ser uma forma de desestimulá-los e torná-los ainda menos produtivos.

Nesse sentido, é importante que o líder conheça bem sua equipe e saiba distinguir o que pode servir como elemento de motivação para cada um. Estudos realizados por autores clássicos, como Maslow, mostraram que pessoas se motivam por fatores diferentes entre si e, principalmente, que esses fatores dependem de cada situação.

Maslow (1987) estudou a motivação nas empresas com maior ênfase nas características individuais. Outros autores, contudo, como Herzberg (1968), o qual fez um maior levantamento das motivações relacionadas ao ambiente, estudaram outros aspectos.

Os fatores motivacionais que envolvem os sentimentos de crescimento individual e reconhecimento profissional, bem como as necessidades de autorrealização, as quais dependem das tarefas que o indivíduo realiza no seu trabalho, conduzem a elevados níveis de satisfação e motivação.

No que tange à **liderança**, vale destacar que ser líder não significa estar em uma posição de comando e "liderar" uma equipe. O sentido de *liderança* refere-se ao indivíduo que se faz líder não por imposição, mas porque os liderados acreditam nele.

Um líder deve estar motivado e apto a sempre motivar seus seguidores. Dessa forma, podemos inferir que empreendedores são líderes que estão sempre motivados a desempenhar suas atividades com o intuito de realizar seus sonhos, seja em seu negócio próprio, seja em funções desenvolvidas em suas atividades profissionais, tanto no setor privado como no público.

Nesta seção foram discutidas algumas questões relacionadas à liderança e à motivação, que encerram este capítulo a respeito das características e do perfil do empreendedor. Além de fatores relacionados à motivação, à liderança e à atitude, entre outros destacados anteriormente, vale enfatizar que é importante que o empreendedor consiga traçar estratégias para obter sucesso no empreendimento. Assim, a fim de salientar os fatores essenciais que contribuem para o bom desempenho de uma atividade empreendedora, serão abordadas nos tópicos a seguir as estratégias empresariais, com foco na Análise SWOT, que é uma ferramenta de fácil entendimento e de grande importância na elaboração dos planos estratégicos a serem desenvolvidos e colocados em prática pelo empreendedor.

3

Estratégia empresarial

A estratégia a ser formulada para a empresa determina a forma como o empreendedor busca atingir seus objetivos e, assim, torna-se norteadora de suas ações.

Neste capítulo, serão enfocadas as estratégias competitivas examinadas por autores como Michael Porter, a fim de habilitar o empreendedor para que não desperdice uma oportunidade identificada.

Um fator que deve ser analisado por todo empreendedor ao pensar em estruturar um negócio e ao se dedicar ao processo de elaboração de suas estratégias diz respeito à Análise SWOT, por meio da qual são caracterizados de forma detalhada os principais fatores que formam os ambientes interno e externo. Observar cada uma dessas variáveis que compõem o cenário desses ambientes e suas possibilidades permite ao empreendedor entrar com maior segurança em determinado segmento, além de propiciar-lhe uma visão mais clara do seu próprio ambiente. Ao analisar as forças e as fraquezas do ambiente interno, o empreendedor pode traçar estratégias para melhor penetrar no ambiente externo, buscar as oportunidades e, principalmente, preparar-se para enfrentar as ameaças.

3.1

Importância da formulação da estratégia empresarial

Dornelas (2008) explica que uma oportunidade se forma pela "confluência entre uma demanda de mercado identificada e os atributos do empreendedor em reunir as competências necessárias para explorar de maneira distinta a oportunidade". Assim, o empreendedor deve atentar sempre para as oportunidades a fim de poder definir os caminhos que pretende seguir com a intenção de colocar seu negócio em prática.

Após a definição da oportunidade é que serão definidas as estratégias com as quais o empreendedor pretende explorá-la, ou seja, os caminhos que deverão ser trilhados para se atingirem os objetivos estipulados.

Comumente utilizamos em nosso vocabulário a palavra *estratégia* para falar dos mais diversos assuntos em nosso dia a dia: "o time X está com uma estratégia para vencer o time Y", "já bolei uma estratégia para conquistar aquele fulano; tenho de encontrar uma estratégia para ser promovido" etc. Podemos observar por esses exemplos que uma estratégia nada mais é que um plano de ação para que determinado objetivo possa ser alcançado.

A palavra *estratégia* deriva do grego *strategia*, termo que tem sua origem na organização e gestão de tropas, navios e demais aspectos observados em batalhas durante campanhas militares. Percebemos, assim, que o sentido da palavra, desde sua origem, já fazia referência à forma como se chegar aos objetivos desejados. Na administração, utilizamos a mesma conotação para *estratégia*, que significa **planejamento**, **competição**, **manipulação**, além da forma como as ações de uma empresa são direcionadas para que sejam alcançados os objetivos estabelecidos (Dornelas, 2008).

Ao fazermos uma analogia entre um país em guerra e uma empresa, podemos "dizer que o 'campo de batalha' é o mercado, as 'armas' são os produtos, o 'inimigo' é o concorrente e o 'objetivo' a ser conquistado é a preferência do cliente" (Dornelas, 2008).

Podemos entender, assim, a importância que uma estratégia representa para a organização. Portanto, é de grande relevância que a empresa, para formular uma estratégia, conheça ao máximo as suas capacidades e, principalmente, as dos concorrentes, devendo ficar sempre atenta ao comportamento do mercado.

3.2
Estratégias competitivas genéricas

Uma estratégia é "a busca por um plano de ação para desenvolver e ajustar continuamente a vantagem competitiva de uma empresa" (Dornelas, 2008). Um plano de ação, atualmente, é de suma importância para as empresas, tanto de pequeno quanto de grande porte, em virtude do fato de que os mercados estão cada vez mais competitivos.

A globalização da economia vem promovendo mudanças nos cenários empresariais e forçando as empresas a se adequarem às exigências impostas pela competitividade internacional entre os mercados. Assim, antes de tratarmos das estratégias competitivas, é interessante caracterizarmos o ambiente de negócios em que vivemos, principalmente no Brasil, desde a década de 1990, período marcado pela abertura da economia brasileira aos mercados internacionais.

Tal cenário foi promovido, em parte, pela globalização, a qual favoreceu o desenvolvimento tecnológico e alterou os conceitos mercadológicos, possibilitando que as fronteiras nacionais deixassem de ser o limite e o mundo passasse a ser o mercado. Assim, "alguma outra empresa, em algum lugar do mundo, a qualquer tempo, pode passar a produzir melhor e mais barato seu mesmo produto e essa outra empresa pode ter acesso aos mesmos recursos" (Casarotto Filho, 2001, p. 26).

Nesse contexto, os aspectos mais valorizados passam a ser a qualidade em detrimento da quantidade, a capacidade de adaptação e ganhos pela produtividade. Desse modo, antes de se ter um bom projeto, é necessário ter uma boa estratégia.

Em tempos passados, o projeto de fábrica era muito valorizado, ou seja, estar bem estruturado e bem localizado era um fator de grande representatividade; atualmente, porém, no cenário globalizado, o mais importante é o projeto de negócio, que se refere ao mercado, à marca, à estratégia, às parcerias, entre outros aspectos. Nesse sentido, conforme ressalta Casarotto Filho (2001, p. 27), "acabou a era do Projeto de Fábrica em favor da era do Projeto de Negócio".

> **Projeto de fábrica**
>
> **X**
>
> **Projeto de negócio**
>
> **Projeto de fábrica:** mercado, produção, localização, administração, equacionamento econômico-financeiro.
>
> **Projeto de negócio:** estratégia competitiva, mercado, marca, parcerias com fornecedores, clientes e concorrentes, terceirização, franquias, fabricação, logística, gestão, equacionamento econômico-financeiro.
>
> O **negócio** extrapola a empresa.

Fonte: Adaptado de Casarotto Filho, 2001, p. 27.

Sob tal ótica, cabe destacar a importância de as empresas desenvolverem suas estratégias de modo a sempre se adequarem ao ambiente em que estão inseridas. Cabe destacarmos então a estratégia desenvolvida por Porter que tem como base a **Curva U**, na qual são identificados dois fatores para que as empresas obtenham rentabilidade: oferecer produtos diferenciados ou ter liderança de custo no mercado.

Na Figura 3.1 estão representadas essas possibilidades, destacando-se a ênfase no mercado, que se refere à diferenciação, e a ênfase no processo, que está ligado à liderança de custo.

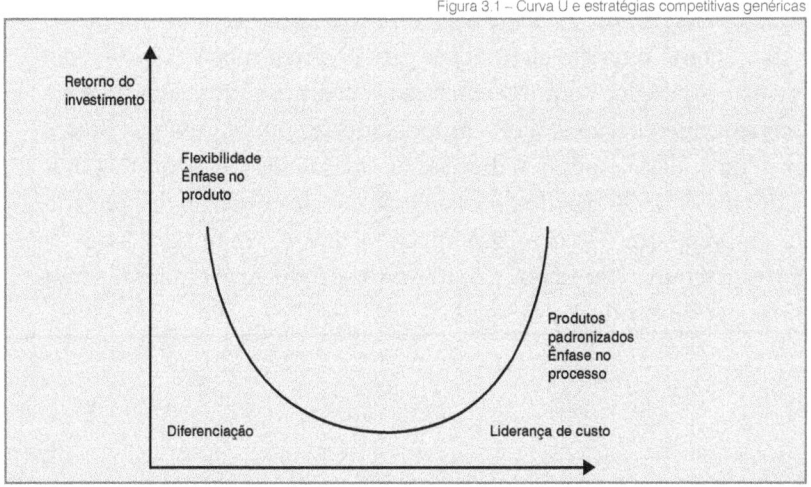

Figura 3.1 – Curva U e estratégias competitivas genéricas

[Gráfico: eixo vertical "Retorno do investimento"; curva em U com rótulos "Flexibilidade / Ênfase no produto" (à esquerda, topo), "Produtos padronizados / Ênfase no processo" (à direita, topo); eixo horizontal com "Diferenciação" (à esquerda) e "Liderança de custo" (à direita).]

Fonte: Adaptado de Porter, 1986, p. 57.

Portanto, com base na análise da Figura 3.1, podemos inferir que as empresas necessitam estar de um lado ou do outro da curva a fim de se tornarem rentáveis. A opção pela estratégia competitiva de diferenciação faz com que a empresa invista mais em imagem, tecnologia, assistência técnica, distribuição, pesquisa e desenvolvimento, recursos humanos, pesquisa de mercado e qualidade, com a finalidade de criar diferenciais para o consumidor.

Vamos exemplificar a afirmação anterior: optando pela diferenciação, em que a empresa enfatiza o produto, ela colocará no mercado produtos diferenciados, únicos (exemplo: uma marca de *jeans* – é um produto diferenciado, a empresa não precisa competir por preço). Já se optar pela ênfase no processo, a empresa irá competir por preços (por meio de custos operacionais mais baixos), pois os produtos, nesse caso, são padronizados (exemplo: carro popular – as diversas marcas concorrem pela mesma classe de consumidores e, embora sejam de marcas diferentes, os carros têm, em média, os mesmos itens ofertados).

Na estratégia competitiva de custo, a empresa centra seus esforços na busca de eficiência produtiva, na ampliação do volume de produção e na minimização de gastos com propaganda, assistência técnica, distribuição, pesquisa e desenvolvimento, entre outros aspectos, e, dessa forma, tem no preço um dos principais atrativos para o consumidor.

Nesse contexto, as pequenas empresas, dadas as suas limitações, teriam como uma das alternativas para obterem sucesso o posicionamento estratégico com diferenciação e, assim, produziriam bens ou serviços diferenciados, sem a necessidade de competirem por preços. Podemos, aliás, lembrar as diversas fusões e aquisições ocorridas após a década de 1990, resultado desse processo de exigência de mercado. As empresas que não conseguiram enquadrar-se em um dos lados da curva tiveram de juntar-se a outras ou foram incorporadas ou adquiridas por outras de maior porte.

Sob tal ótica, é importante que o empreendedor ou administrador conheça bem a capacidade de seu empreendimento e, nesse sentido, a Análise SWOT mostra-se uma valiosa ferramenta.

3.3

Análise SWOT

A denominação *SWOT* é, na verdade, um acrônimo das palavras em inglês *Strengths*, *Weaknesses*, *Opportunities* e *Threats*, traduzidas como Forças, Oportunidades, Fraquezas e Ameaças (FOFA) ou ainda como Debilidades, Ameaças, Forças e Oportunidades (DAFO). A Análise SWOT ajuda o empreendedor a analisar o ambiente de competição e, com isso, ter a perspectiva do ambiente que a empresa irá enfrentar (e, para isso, qual estratégia irá adotar).

A Análise SWOT tem como objetivo analisar o ambiente e projetar cenários, buscando identificar as oportunidades e as ameaças existentes no mercado e as forças e as fraquezas da empresa. Sua função, segundo Chiavenato e Sapiro (2004, p. 188), "é cruzar as oportunidades e as ameaças externas às organizações com seus pontos fortes e fracos".

Nesse sentido, Oliveira (2005, p. 65) afirma que "o planejamento estratégico não deve ser considerado apenas como uma afirmação das aspirações de uma empresa, pois inclui também o que deve ser feito para transformar estas aspirações em realidade".

Na Figura 3.2 estão enfatizadas as forças, as oportunidades, as ameaças e as fraquezas, com as respectivas ações a serem observadas. Estas se encontram distribuídas nos ambientes interno e externo e como fatores positivos ou negativos para a empresa.

Figura 3.2 – Análise SWOT

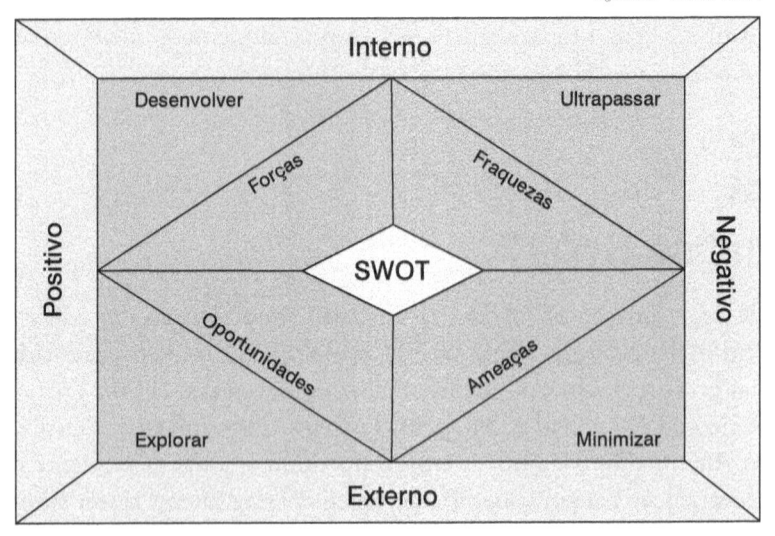

```
                    Interno
        Desenvolver         Ultrapassar
              Forças    Fraquezas
  Positivo         SWOT         Negativo
           Oportunidades  Ameaças
        Explorar            Minimizar
                    Externo
```

Conhecendo as variáveis, podemos compreender o empreendimento e o planejamento estratégico e, assim, obter informações que embasarão as decisões a serem tomadas. As decisões poderão ser tomadas de acordo com o levantamento dos possíveis pontos fortes e pontos fracos que a empresa observar.

Recorrendo a Sun Tzu, assim Dornelas (2008, p. 19) justifica a importância da Análise SWOT:

> Se conhecemos o inimigo (ambiente externo) e a nós mesmos (ambiente interno), não precisamos temer o resultado de uma centena de combates. Se nos conhecemos, mas não ao inimigo, para cada vitória sofreremos uma derrota. Se não nos conhecemos nem ao inimigo, sucumbiremos em todas as batalhas.

Com isso, podemos entender que a Análise SWOT e as estratégias competitivas são de grande relevância para que as empresas possam desenvolver seu planejamento estratégico ou para inserir uma nova atividade no mercado.

No próximo capítulo, abordaremos a importância das pequenas e médias empresas para a economia como um todo. Não poderíamos deixar de enfatizar essa temática, haja vista nosso objeto de estudo ser o empreendedorismo, cujo enfoque está estreitamente relacionado a esse segmento.

4

Histórico e importância do plano de negócios

Afinal, o que vem a ser um plano de negócios (*business plan*)?

Dornelas (2008, p. 84) define o plano de negócios como "um documento usado para descrever um empreendimento e o modelo de negócios que sustenta a empresa". Podemos entender, assim, que se trata de uma forma de organizar e situar o negócio para que o empreendedor possa obter uma visão íntegra do seu empreendimento. Como explicam Salim et al. (2005, p. 16), "plano de negócios é um documento que contém a caracterização do negócio, sua forma de operar, suas estratégias, seu plano para conquistar uma fatia do mercado e as projeções de despesas, receitas e resultados".

4.1
Como surgiu o plano de negócios?

Será que as empresas sempre tiveram um plano de negócios?

Sabemos que muitas empresas nunca sequer colocaram seus planos no papel. Esse é o caso daqueles que dizem: "tenho tudo na cabeça". Isso é o que ouvimos muitas vezes alguns empresários dizerem, principalmente nas empresas de pequeno porte. O gestor que é proprietário costuma ter tudo organizado, mas geralmente apenas em sua mente. A prática de se colocarem no papel os planos de negócios não é tão antiga.

No Brasil, podemos dizer que a elaboração do plano de negócios começou a ser habitualmente realizada com o processo de globalização da economia, que ocorreu de forma mais perceptível a partir da década de 1990. As empresas ficaram mais expostas à competitividade promovida pela internacionalização dos mercados, tendo de se adaptar e atualizar para se manterem no mercado.

O plano de negócios, que até então era uma prática mais popular apenas entre as grandes corporações, começou a fazer parte do cotidiano das pequenas empresas, que passaram a necessitar de ferramentas para mostrar seus empreendimentos e expandi-los ou então de ferramentas para criarem novas empresas.

As agências de fomento e as instituições financeiras começaram a exigir que as ideias, os cálculos e as previsões do negócio estivessem detalhados para sentirem a solidez e a seriedade do negócio.

4.2

Por que fazer um plano de negócios?

Por meio das informações disponibilizadas pelo Sebrae (Serviço Brasileiro de Apoio às Pequenas e Micro Empresas), podemos constatar um elevado índice de mortalidade das empresas no Brasil, o que em parte pode ser devido à falta de planejamento para implantação do negócio. Como vimos no tópico anterior, a prática de elaboração do plano de negócios no Brasil é recente, ao contrário dos Estados Unidos da América, onde há muitos anos os empresários se utilizam dessa ferramenta.

No entanto, de acordo com dados do Sebrae (2013, p. 19), os percentuais de mortalidade das empresas no Brasil vêm reduzindo: "a taxa de mortalidade de empresas com até 2 anos caiu de 26,4% (nascidas em 2005) para 24,9% (nascidas em 2006) e para 24,4% (nascidas em 2007)".

Evidentemente que somente o plano de negócios não representa o sucesso do negócio; porém, essa ferramenta previne muitos problemas e, principalmente, caso a atividade seja inviável, evita que ela seja colocada em prática.

Assim, o plano de negócios pode ser considerado como um agente transformador das causas de fechamento das empresas. Conforme Dornelas (2008), a falta de percepção acerca das falhas do negócio, decorrente da falta de planejamento, é uma das causas dessa mortalidade. Nesse sentido, o plano de negócios apresenta-se como um instrumento bastante útil, a ponto de possibilitar um aumento de 60% das probabilidades de sucesso do negócio.

Dornelas (2008, p. 85) elenca algumas possibilidades que se abrem com a elaboração de um plano de negócios:

- Entender e estabelecer diretrizes para o seu negócio.
- Gerenciar de forma mais eficaz a empresa e tomar decisões acertadas.
- Monitorar o dia a dia da empresa e tomar ações corretivas quando necessário.
- Conseguir financiamentos e recursos junto a bancos, governo, Sebrae, investidores, capitalistas de risco etc.
- Identificar oportunidades e transformá-las em diferencial competitivo para a empresa.
- Estabelecer uma comunicação interna eficaz na empresa e convencer o público externo (fornecedores, parceiros, clientes, bancos, investidores, associações etc.).

Podemos perceber, desse modo, a importância de se montar um plano de negócios, mesmo que muitos empreendedores o achem desnecessário. Não se trata de um "adereço", mas de uma ferramenta de grande utilidade para o sucesso do negócio. É bastante comum ouvirmos de empreendedores ou até mesmo de empresários que eles não necessitam de um plano de negócios, ou então que as ideias estão todas alinhadas em sua mente, ou, pior ainda, que não têm tempo para desenvolvê-lo. Na verdade, muitas vezes eles não sabem como se faz para desenvolver um plano de negócios e acabam dando outras desculpas. Tal fato pode ser comprovado por meio de informações disponibilizadas pelo *site* da Endeavor (2011), segundo o qual aproximadamente 9% dos planos que são recebidos pelas instituições financiadoras de capital de risco são bons ou ótimos e 60% são rejeitados após breve análise. De 0 a 10, as notas médias dadas ficaram em torno de 3,75. Outra informação relevante é que apenas 1% dos que enviam o plano de negócios recebe investimentos diretos. Daí a importância de se implantar a disciplina de empreendedorismo no ensino, conforme já abordado em capítulos anteriores.

Dornelas (2008, p. 85) cita alguns objetivos básicos aos quais um plano de negócios pode atender:

1. Testar a viabilidade de um conceito de negócio;
2. Orientar o desenvolvimento das operações e estratégias;
3. Atrair recursos financeiros;
4. Transmitir credibilidade;
5. Desenvolver a equipe de gestão.

Um plano de qualidade deve responder a algumas questões básicas, como:

- Existe uma real oportunidade para o meu negócio?
- Eu ou a equipe que está desenvolvendo a ideia entendemos do negócio?
- O negócio demonstra retorno desejado para o investimento realizado?
- O mercado aceitará as ideias que estão contidas no plano de negócios?
- Existe diferenciação no meu negócio?
- O meu negócio tem chances de existir por alguns anos?

Bangs Júnior (2002, p. 19) elenca três razões principais para se criar um plano de negócios:

1. O processo de organizar um plano de negócios, incluindo as reflexões que você faz antes de começar a registrá-lo por escrito, obriga-o a assumir um posicionamento não emocional, crítico e objetivo em relação ao seu projeto como um todo.
2. O produto acabado – o seu plano de negócios – é um instrumento operacional que, se usado de forma apropriada, irá auxiliá-lo a gerenciar o seu negócio e a trabalhar efetivamente para seu sucesso.
3. O plano de negócios concluído transmite suas ideias para outros e fornece a base para sua proposta de financiamento.

Portanto, conforme enfatizado pelo autor, no momento em que se desenvolve o plano de negócios já se pode fazer uma análise do negócio, realmente refletindo sobre as reais possibilidades de sucesso da atividade. Dessa forma, a importância do plano de negócios não se caracteriza somente pelo documento em si, mas pelo processo de construção dele, que possibilita ao autor amadurecer e refletir mais profundamente sobre o negócio que está pretendendo abrir.

Além disso, depois de concluído, o plano de negócios pode contribuir para que o empreendedor dê um melhor direcionamento para a sua atividade, haja vista ali estarem registradas informações relevantes acerca de vários pontos que devem estar sempre presentes na atividade à qual se refere. Esse documento também servirá de referencial para todos os interessados ou envolvidos no negócio, desde os funcionários até os possíveis investidores.

> Um plano de negócios poderá ajudá-lo a evitar o ingresso em um empreendimento que está fadado ao fracasso. Se seu empreendimento for marginal na melhor das hipóteses, o plano de negócios indicará o porquê, e poderá auxiliá-lo a evitar o pagamento de um preço alto para aprender sobre fracasso nos negócios. É muito mais barato não iniciar um negócio malfadado do que aprender por experiência o que um plano de negócios poderia ter ensinado ao custo de várias horas de trabalho de concentração. (Bangs Júnior, 2002, p. 20)

O plano de negócios, como já comentamos, serve como fonte de informações para que outros possam avaliar o empreendimento, principalmente se houver a necessidade de financiamento, caso a empresa atenda às exigências da maioria dos financiadores, de modo que o empréstimo se concretize.

4.3

A quem interessa o plano de negócios?

Vamos agora pensar sobre o público a que se destina o plano de negócios, para quem se constrói esse documento, que tem se mostrado de grande valia para o universo do empreendedorismo. Engana-se quem acredita que um plano de negócios se destina somente a instituições financeiras ou a agências de fomento, pois, além destes, existem vários outros públicos a quem interessa o plano de negócios de um empreendimento a ser implantado ou de uma empresa já existente e que deseja expandir-se.

Dornelas (2008) elenca vários públicos aos quais um plano de negócios pode interessar:

- Sebrae, universidades e órgãos governamentais: para outorgar financiamentos.
- Bancos: para liberar financiamentos para aquisição de equipamentos ou para capital de giro ou expansão da empresa.
- Investidores.
- Fornecedores.
- Público interno: funcionários efetivos e em fase de contratação.
- Clientes.
- Sócios.

No caso de uma empresa já em funcionamento, o plano de negócios, é para o gestor um documento que pode servir de estímulo para o bom desempenho das atividades e para demonstrar, já no momento da contratação de novos funcionários, as intenções da empresa. Essa atitude possibilita que o gestor mostre a importância de cada um no processo de expansão, fazendo com que os colaboradores se sintam valorizados e dispostos a contribuir com a empresa.

4.4

Tipos de planos de negócios

No contexto que estamos analisando, existem vários tipos e tamanhos de planos de negócios, que variam de acordo com a necessidade de cada empreendedor.

- **Plano de negócios completo**: utilizado na medida em que haja a necessidade de se buscar grande quantidade de dinheiro ou mesmo quando se quer demonstrar uma visão mais detalhada do negócio. Tem em média de 20 a 40 páginas, dependendo da atividade e dos detalhamentos registrados.
- **Plano de negócios resumido**: utilizado nos momentos em que se deseja apenas apresentar informações resumidas a um

público-alvo, por exemplo, para investidores, com o intuito de chamar a atenção. Normalmente, os investidores, havendo interesse, podem solicitar um plano mais completo. Portanto, esse modelo visa à objetividade com foco no que se deseja destacar, principalmente nos tópicos referentes ao produto, ao mercado e ao retorno sobre os investimentos. Em média, tem de 10 a 15 páginas.

- **Plano de negócios operacional**: comumente utilizado internamente na empresa pelos diretores, pelos gerentes e pelos funcionários quando se alinham os esforços internos em direção aos objetivos estratégicos da organização. Quanto à extensão, depende da necessidade da empresa e das informações que quer realmente passar para seus colaboradores.

No que tange ao conteúdo de um plano de negócios, deve estar condizente com o que o empreendedor busca e com o público para o qual o plano de negócios será apresentado, conforme observado anteriormente. Entretanto, algumas questões devem estar claramente evidenciadas no documento. Na figura a seguir estão elencadas algumas perguntas que, de acordo com Salim et al. (2005), devem fornecer respostas claras para quem deseja implantar um negócio.

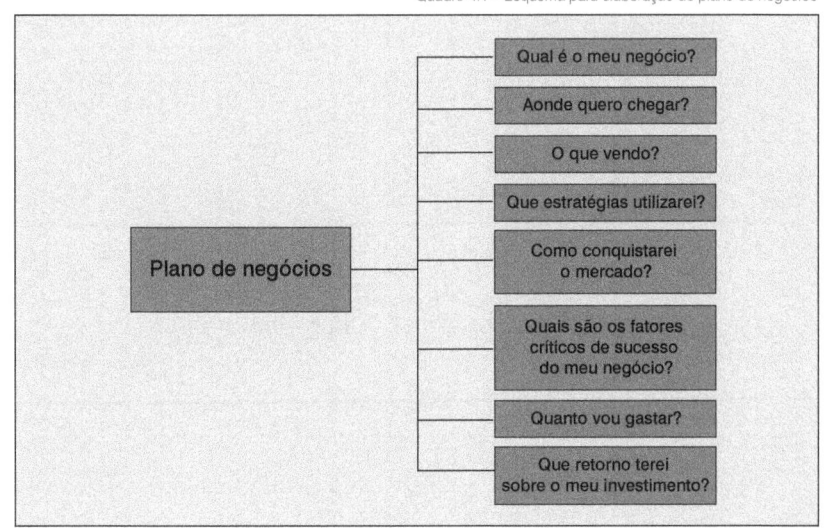

Quadro 4.1 – Esquema para elaboração do plano de negócios

Plano de negócios
- Qual é o meu negócio?
- Aonde quero chegar?
- O que vendo?
- Que estratégias utilizarei?
- Como conquistarei o mercado?
- Quais são os fatores críticos de sucesso do meu negócio?
- Quanto vou gastar?
- Que retorno terei sobre o meu investimento?

Fonte: Adaptado de Salim et al., 2005.

O que percebemos com uma análise bem superficial do esquema acima é que o empreendedor necessita conhecer muito profundamente o seu negócio, a atividade que pretende desenvolver e todos os aspectos que a envolvem, como: produto, mercado, estratégias a serem colocadas em ação, pontos fortes e fracos (SWOT) e, principalmente, situação financeira detalhada de todos os investimentos, previsões de receitas e retorno de capital. Portanto, depois de devidamente analisado, esse esquema pode sinalizar que o empreendimento tem chances reais de sucesso.

Um diálogo muito interessante encontrado no livro *Alice no País das Maravilhas* é citado por Salim et al. (2005, p. 4): a personagem Alice pergunta ao Gato que caminho ela deveria seguir. "Isso depende de para onde você vai", responde o Gato, pois "todos os caminhos são válidos para quem não tem para onde ir". A obra pode até parecer totalmente direcionada ao público infantojuvenil, mas está cheia de lições para o mundo dos negócios, e diálogos como o de Alice e o Gato já foram usados em programas de treinamento e atualização de empresários em virtude da forte relação que mantêm com o que ocorre nas empresas.

5

O plano de negócios

Agora que já verificamos a importância do plano de negócios e também a quem se destina, além dos tipos de planos existentes, neste capítulo iremos abordar passo a passo a construção desse plano.

Por onde começar?

Primeiramente, é importante ter em mente a quem se destina o plano de negócios, e, conforme vimos, vários são os públicos para os quais ele pode ser escrito. É importante lembrarmos que "o plano de negócios é uma linguagem para descrever de forma completa o que é ou pretende ser uma empresa", como explica Dolabela (1999, p. 80). O autor enfatiza também que o plano de negócios deve conter:

a) a forma de pensar sobre o futuro do negócio, aonde ir, como ir mais rapidamente, o que fazer durante o caminho para diminuir incertezas e riscos;
b) descrição de um negócio, os motivos da existência da oportunidade de negócio, como o empreendedor pretende agarrá-la e como buscar e gerenciar os recursos para aproveitá-la;
c) a descrição de um processo e não de um produto, deve ser dinâmico, vivo, devendo estar sempre atualizado;
d) a indicação de que o empreendimento tem grande potencial de sucesso, ou até evidenciar de que é mesmo irreal, pela existência de obstáculos jurídicos ou legais intransponíveis, riscos incontroláveis ou rentabilidade aleatória ou insuficiente para garantir a sobrevivência da empresa ou do novo negócio. Pode-se, inclusive, sugerir o adiamento do empreendimento;
e) informações que o tornam instrumento de negociação interna e externa para administrar a interdependência com os sócios, empregados, financiadores, incubadoras, clientes, fornecedores, bancos etc.;
f) informações que o tornam instrumento para a obtenção de financiamentos, empréstimos, persuasão de novos sócios, controle interno, integração da equipe e envolvimento dos empregados e colaboradores.

Nesse sentido, vale destacar que um plano de negócios é de grande valia para qualquer atividade que se queira implantar, de um carrinho de pipoca a uma empresa de exportação de proporções internacionais, devendo-se analisar por meio dessa ferramenta a viabilidade do empreendimento.

5.1

Criando um plano de negócios eficiente

A seguir, iremos apresentar alguns elementos básicos que devem constar em um plano de negócios; porém, vale sempre lembrar que não existe um modelo-padrão e que as atividades requerem diferentes visões e abordagens e, dessa forma, tópicos mais detalhados nas áreas que devem ser mais específicas. Conforme já mencionado, isso depende também do público ao qual se destina o plano e das informações que, nesse caso, tiverem maior relevância.

Capa: deve conter algumas informações básicas, como título do plano, nome da empresa, endereço, telefone, logotipo e data.

Sumário: é importante para que a pessoa que vai receber o plano de negócios possa se localizar facilmente nas questões em que tem maior interesse. Assim como em um livro, vamos direto ao sumário para encontrarmos rapidamente o que desejamos.

1. **Empreendimento:** neste tópico, deve-se demonstrar as bases para a realização do projeto, bem como informar de quem é a responsabilidade de gerenciá-lo e apresentar uma breve explicação acerca da análise estratégica da empresa em relação ao mercado.

    1.1 **Dados da empresa:** devem constar os dados gerais da empresa, como:
    - Nome da empresa.
    - Endereço.
    - Data de início das atividades da empresa (caso ela já

exista).
- Nome de um responsável para contato.

1.2 **Dados dos dirigentes**: neste tópico, devem constar os dados que identificam os sócios e seus endereços, bem como a devida responsabilidade pelo projeto. Não se faz necessário aqui incluir o currículo, mas, caso se queira inseri-lo, deve-se colocá-lo na seção "Anexos", ao final do plano de negócios.

1.3 **Definição do negócio**: neste tópico, deve-se deixar claro o que é o negócio; portanto, as informações devem ser claras e concisas. Para isso, um ou dois parágrafos são suficientes.

1.4 **Análise de cenários**: uma breve caracterização do cenário é essencial a fim de se demonstrar a necessidade de mercado a ser atendida com o empreendimento. Com base nessa descrição, já se pode ter uma ideia acerca da situação em que se encontra o mercado para o produto em questão. É interessante que neste tópico sejam inseridas informações acerca do histórico do produto, pois, dessa forma, pode-se fazer uma projeção quanto ao mercado, acompanhar sua evolução e, assim, conhecer mais a fundo o cenário para o empreendimento que se pretende implantar ou expandir. Exemplo: na área da tecnologia, o amanhã está sempre a poucos passos.

    1.4.1 **Análise SWOT** (*Strengths* = Forças; *Weaknesses* = Fraquezas; *Opportunities* = Oportunidades; *Threats* = Ameaças): uma análise que leve em consideração tais variáveis possibilita ao empreendedor ter uma imagem clara do seu negócio e, principalmente, do mercado. Tal conhecimento permite que se dispensem esforços nos fatores cruciais para o sucesso do empreendimento.

    1.4.2 **Ambiente externo – oportunidades e ameaças**: deve-se analisar e descrever claramente as variáveis que podem influenciar positivamente o empreendimento. Exemplo: restaurante – mudança de hábito alimentar da população, escassez de tempo das pessoas etc.

    Também é importante analisar os fatores negativos que ameaçam o empreendimento. Conhecendo-se as variáveis negativas ou ameaças, pode-se mais facilmente direcionar esforços no sentido de amenizá-las ou transformá-las em oportunidades. Exemplos: forte concorrência e necessidade de alto investimento.

1.4.3 **Ambiente interno – pontos fortes e pontos fracos**: deve-se listar os pontos fortes. Exemplos: conhecimento do ambiente competitivo por um dos sócios e agilidade na cozinha. Da mesma forma, é importante identificar os pontos fracos. Exemplos: nenhum dos sócios conhece nada sobre a atividade.

1.5 **Visão**: é com base na visão do negócio que será prospectado o futuro de um empreendimento. Neste tópico, deve-se definir o que a empresa pretende ser, qual é a sua importância, seu desempenho, sua participação no mercado ou qualquer outro critério que se busque adotar. Aqui, a ideia é deixar explícitos os macro-objetivos do negócio e, tomando-os como referência, desenvolver as estratégias do empreendimento, seguindo sempre as linhas norteadoras aqui enfatizadas. Exemplo: visão da empresa TAM: "Ser a maior e melhor empresa de transporte aéreo do Brasil".

1.6 **Missão**: a partir da elaboração da visão do negócio, é necessário desenvolver a missão que a empresa terá para com seus clientes, quer sejam externos, quer sejam internos. A missão deve estar relacionada com a forma pela qual a empresa irá atingir o objetivo estabelecido na visão. Exemplo: missão da TAM: "Com o nosso trabalho e o nosso 'Espírito de Servir', fazer as pessoas felizes".

1.7 **Alianças estratégicas**: atualmente, as parcerias vêm se tornando estratégias importantes para que as empresas se mantenham no ambiente competitivo em que estão inseridas. Dessa forma, fazer alianças com outras empresas pode trazer ganhos para ambas as partes. Aqui é importante descrever claramente quais são e com quem são as alianças e quais os benefícios que serão adicionados com tais parcerias. Tais alianças podem ser por meio de: terceirizações, parcerias, representações etc.

1.8 **Fontes de recursos para investimento**: é necessário descrever de forma detalhada de onde vêm os recursos, quais são as formas de financiamento e qual é a participação de cada sócio.

1.9 **Infraestrutura**: este tópico refere-se aos fatores que se fazem necessários para que se possa colocar em funcionamento o negócio. Portanto, aqui cabe indicar os custos despendidos com a estrutura e descrever como eles serão alocados, se como investimento ou como despesas.

- 1.9.1 **Recursos físicos**: é importante aqui elencar os equipamentos que serão necessários para se colocar em prática o empreendimento. Deve-se descrever detalhadamente a quantidade, bem como os respectivos valores para a correta análise financeira, listar as instalações da empresa, os equipamentos e o material permanente, assim como as respectivas quantidades e custos.
- 1.9.2 **Recursos humanos**: é necessário que se solicitem informações ao sindicato da categoria a fim de constatar os pisos salariais para elaborar o quadro com os devidos cargos, funções e salários, respectivamente, de acordo com a legislação vigente. Cabe aqui destacar que é importante fazer também uma verificação no mercado para conhecer uma situação mais próxima da realidade; em alguns segmentos, a média salarial de mercado supera os pisos estabelecidos pelos sindicatos.
- 1.9.3 **Recursos tecnológicos**: a tecnologia avança de forma muito rápida e sabemos que na atualidade ela é de grande relevância para a maioria das atividades econômicas. Assim, faz-se necessário informar claramente o que será implantado e quem são os fornecedores, bem como especificar os custos a serem considerados com tais recursos.

2. **Mercado**: para que se possa desenvolver o planejamento de um negócio já existente ou para que se possa implantar uma nova atividade, é preciso conhecer o mercado em que se está inserido ou se pretende conquistar. Logo, deve-se identificar aqui os concorrentes (mediante pesquisa de mercado sobre quem são, quantos são, onde estão e qual é a força deles) e o público-alvo, para identificar a demanda existente para determinada atividade.

   2.1 **Identificação de segmentos de mercado e seleção de mercados-alvo**: toda empresa que pratica *marketing* de segmento deve reconhecer que os consumidores são diferentes quanto a seus desejos, perfis, poder de compra, localidades, dados demográficos, atitudes e hábitos de compra. Assim, deve-se elaborar uma descrição de cada segmento que compõe o *target*, deixando claro o motivo de sua escolha, além das estratégias de *marketing*.

2.2 **Descrições dos segmentos de mercado e justificativa**: após a identificação do público-alvo, deve-se fazer uma breve caracterização dos membros de cada segmento e demonstrar os motivos pelos quais são considerados clientes potenciais para o empreendimento em questão.

2.3 **Dados demográficos de cada segmento de mercado**: aqui é o momento de caracterizar cada segmento com dados concretos, mediante a devida identificação das faixas etárias, salariais, de sexo, de gênero etc., para a constatação da existência do público-alvo para o empreendimento.

2.4 **Concorrência**: sabemos que o mercado hoje está concorrido, que existe uma disputa acirrada nos diversos setores da economia como um todo. Para que uma atividade seja implantada, já não basta conhecer o ramo e o produto; é preciso conhecer profundamente os concorrentes, identificar seus pontos fortes e fracos e desenvolver estratégias que possam ser competitivas no mercado.

2.5 **Metas específicas – mercado**: definir a visão do negócio é fundamental, como já comentamos; portanto, para que se possa atingir os objetivos estabelecidos, deve-se sempre estipular metas a serem alcançadas. É importante, porém, ressaltar que as metas devem ser mensuráveis e adaptadas à realidade que caracteriza o empreendimento.

3. **Produtos**: o sucesso do negócio está diretamente ligado ao produto que será oferecido. Cabe ressaltar que produto compreende tanto um bem quanto um serviço. Assim, os produtos devem estar claramente descritos, enfatizando-se suas características e, principalmente, demonstrando-se a existência de demanda no mercado para o produto e a forma como ele atende aos desejos do público-alvo.

    3.1 **Mix de produtos**: deve-se fazer apresentação do conjunto dos produtos oferecidos pela empresa, bem como a indicação da fase em que ele se encontra:

- **Comercialização**: é necessário descrever aqui se o produto já está acabado ou se ainda se encontra em processo de transformação.
- **Desenvolvimento**: é importante salientar em que etapa de desenvolvimento o produto está em comparação com o bem ou serviço final, caso esteja sendo construído ou elaborado.
- **Pesquisa**: mesmo se o produto for acabado, é interessante anexar pesquisa com dados e definições sobre ele para conhecimento por parte do público interessado.

4. *Marketing*

    4.1 **Canais de distribuição**: a distribuição é uma forte fonte de vantagem, diferenciação e competitividade. Desse modo, deve-se apresentar os meios de distribuição que serão utilizados pela empresa, para que o produto chegue até o consumidor final.

    4.2 **Desenvolvimento de estratégias de *marketing***: é importante apresentar de maneira específica os diferenciais do produto em relação aos concorrentes, demonstrando-se o básico do mercado e os moldes diferenciados. Deve-se oferecer um produto superior, cobrar preço especial, prestar excelentes serviços, divulgá-los aos moradores mais ricos? Deve-se fabricar algo simples, de preço mais baixo, destinado aos consumidores de baixa renda? Tais questões devem ser feitas.

    4.3 **Estratégias de promoção de vendas**: é necessário apresentar os veículos de mídia que serão utilizados na apresentação do produto ao consumidor, bem como descrever a linguagem e o tema da chamada promocional. Vale lembrar que nesse caso a promoção não está relacionada com descontos, mas com a divulgação do produto ou serviço no mercado-alvo.

        4.3.1 *Marketing* **de relacionamento**: deve-se demonstrar como a empresa irá estabelecer uma relação de longo prazo com o cliente/consumidor, caso seja este o interesse da alta administração, deixando de lado a venda imediata e estabelecendo um vínculo ou relacionamento direto, além de esclarecer de que maneira os clientes perceberão essa atenção contínua.

5. **Recursos Humanos (RH)**: este tópico deve contemplar aspectos referentes ao planejamento estratégico em RH. Deve

ser elaborado um funcionograma, bem como a descrição dos cargos a serem preenchidos por todos os colaboradores que farão parte do futuro empreendimento. Além disso, deve-se apontar quais técnicas de recrutamento e seleção serão utilizadas e descrever os instrumentos a serem empregados para a capacitação dos funcionários

6. **Qualidade**: se voltarmos no tempo, vamos recordar que a qualidade já foi um diferencial para o produto, porém, hoje, é um requisito fundamental para que esteja no mercado. Aqui é interessante abordar o processo de qualidade dos produtos com o intuito de informar aos interessados.

   6.1 **Normas e regulamentos técnicos**: visando demonstrar as intenções do empreendimento, neste tópico devem estar listados os procedimentos a serem adotados no que tange aos aspectos relacionados ao meio ambiente e às normas exigidas pelos órgãos responsáveis pela atividade específica, de modo a demonstrar a seriedade da empresa.

   6.2 **Registros necessários**: neste tópico são elencados os procedimentos legais a serem adotados a fim de se colocar a atividade em prática.

   6.3 **Metas estratégicas de qualidade do produto/serviço**: referem-se aos seguintes aspectos: atendimento das necessidades dos clientes (público-alvo); diferencial competitivo do produto/serviço e demais estratégias complementares; distribuição, política de preço e serviços de pós-venda e garantia. Esses estudos podem estar inseridos na metodologia *Plan – Do – Check – Act*. (PDCA[1]).

7. **Análise socioambiental**: trata-se da análise e avaliação da *performance* do produto ou serviço dentro dos requisitos:
   - cumprimento da legislação ambiental;
   - diagnóstico dos aspectos e impactos ambientais de cada atividade;
   - procedimentos para eliminar ou diminuir os impactos ambientais eventualmente levantados;

   A análise deve estar inserida no conceito de desenvolvimento

---

[1] *Plan*: Planejamento; *Do*: Execução; *Check*: Verificação; *Act*: Ação.

sustentável: produto ou serviço economicamente viável, ambientalmente correto e socialmente justo.

É importante destacar a imagem que a empresa vai transmitir aos clientes, o que envolve a política de gestão da qualidade e o cumprimento da legislação ambiental, que podem transformar-se em aspectos mercadológicos, de efetivo diferencial competitivo do produto ou serviço.

8. **Finanças**: a seção financeira do plano de negócios deve traduzir em números todas as ações planejadas da empresa. Neste tópico, deve-se demonstrar se o plano de negócios é viável e capaz de cobrir todos os investimentos iniciais, os custos de operação e, ainda, apresentar o retorno desejado sobre o capital investido, ou se o empreendimento é inviável e necessita de ajustes para que se torne interessante, ou, pior, se o empreendimento deverá ser descartado.

   Este tópico é importante para que as análises se tornem claras para aqueles que forem avaliar o plano de negócios, permitindo que alguns itens sejam calculados, como:

   - fontes de recursos para investimento e seu respectivo custo;
   - volume de capital necessário para implementar o empreendimento em questão;
   - fluxo de caixa;
   - orçamentos das vendas;
   - balanço patrimonial;
   - Demonstração do Resultado do Exercício (DRE);
   - ponto de equilíbrio;
   - prazo de retorno aceitável (*Payback Time*);
   - análises de investimentos (VPL[2] e TIR[3]);
   - retorno do investimento – ROI.

9. **Cronograma geral de atividades e metas**: o cronograma serve para orientar o empreendedor no sentido de definir as prioridades. Deve seguir um roteiro das atividades importantes que deverão ser realizadas em cada mês e, dessa forma,

---

2   Valor Presente Líquido.
3   Taxa Interna de Retorno.

torna-se uma ferramenta de controle para verificar o alcance das metas dentro dos prazos estabelecidos.

10. **Referências:** nos casos em que forem utilizadas fontes diversas para embasar uma ideia ou então dados estatísticos, esses dados devem constar neste item específico.

11. **Anexos:** neste tópico devem ser inseridos aqueles dados que complementam as informações disponibilizadas nos itens do plano de negócios, por exemplo, currículo dos sócios, planta ou projeto do local do estabelecimento e outros dados que possam esclarecer dúvidas que porventura tenham surgido para os leitores do plano de negócios.

É importante destacarmos que os itens sumarizados no modelo de plano de negócios foram apenas descritos brevemente e, para que o documento seja desenvolvido, é de suma relevância aprofundar os conhecimentos sobre cada um dos tópicos. Para isso, orientamos que você consulte obras específicas de cada uma das áreas contempladas no plano. Neste capítulo, o intuito foi somente o de demonstrar os passos a serem seguidos, no sentido de proporcionar uma clara visão àqueles a quem o plano de negócios for direcionado. Portanto, o aprofundamento dos tópicos e a forma de desenvolver os cálculos devem seguir os padrões estabelecidos para cada área.

5.2

Como colocar um plano de negócios em prática

Inúmeras são as dificuldades percebidas pelos empreendedores para a elaboração de um plano de negócios quando buscam financiamentos. Em relatos de empreendedores e empresários é comum encontrarmos afirmações como "as coisas são difíceis" e "o governo não ajuda". Contudo, cabe destacarmos que, na maioria das vezes, não se dá a devida importância ao plano de negócios, o que dificulta e compromete o andamento de todo o processo.

Dornelas (2008, p. 169-174) destaca ainda que, embora alguns programas do governo não apareçam de forma estruturada, são inúmeras as possibilidades para viabilizar a busca por recursos para financiar um empreendimento, os quais listaremos na sequência. O autor cita alguns programas para exemplificar. Caso haja interesse, basta que você aprofunde a pesquisa nos devidos órgãos.

- **Programas da Financiadora de Estudos e Projetos (Finep):** as ações ocorrem em parceria com o Banco Interamericano de Desenvolvimento (BID)[4].
- **Programa do Fundo de Investimentos de Capital Semente (Criatec), do Banco Nacional de Desenvolvimento Econômico Social (BNDES)**[5]: "Tem como objetivo obter ganho de capital por meio de investimento de longo prazo em empresas em estágio inicial (inclusive estágio zero), com perfil inovador e que projetem um elevado retorno" (Criatec, 2014).

---

4   Informações podem ser obtidas no *site* do Portal Capital de Risco Brasil, disponível em: <http://www.venturecapital.gov.br>. O empreendedor também pode buscar informações sobre Programas de Subvenção Econômica no *site* do Movimento Brasil Competitivo, disponível em: <http://www.mbc.org.br/mbc/novo>.

5   Disponível em: <http://www.fundocriatec.com.br/pt-BR/quem-somos>. Acesso em: 28 jan. 2013.

- **Programa de Capacitação de Recursos Humanos para Atividades Estratégicas (RHAE Inovação):** foi criado em 1987 com o objetivo de apoiar projetos de inovação em atividades de pesquisa e desenvolvimento nas empresas. O programa é gerido pelo Conselho Nacional de Desenvolvimento Científico e Tecnológico (CNPq)[6].
- **Microcrédito:** trata-se de uma forma de apoio aos pequenos empreendedores por envolver pequenas quantias de empréstimos e a juros mais acessíveis. Geralmente é administrada por organizações não governamentais (ONGs).[7]
- **Programa de Apoio Tecnológico à Exportação (Progex):** tem o intuito de prestar apoio às micro e pequenas empresas que queiram inserir-se no mercado internacional por meio de exportações.[8]
- **Programa Sebraetec:** é um "mecanismo coordenado pelo Sebrae[9] para permitir que as micro e pequenas empresas e empreendedores possam acessar os conhecimentos existentes no país, por meio de consultorias, visando à elevação do patamar tecnológico da empresa" (Dornelas, 2008, p. 169-174).

5.3

Parcerias e assessorias

"O empreendedor não é uma ilha isolada no oceano. Por meio de sua rede de contatos, ele deve identificar os melhores profissionais e entidades para assessorá-lo" (Dornelas, 2008, p. 183).

Essa colocação de Dornelas sintetiza a importância de se manterem redes de contatos (*networks*), muito comentadas atualmente.

---

6   Informações podem ser obtidas no *site* do CNPq, disponível em: <http://www.cnpq.br/>.

7   Informações podem ser obtidas no *site* do Ministério do Desenvolvimento, Indústria e Comércio Exterior (MDIC), disponível em: <http://www.mdic.gov.br//sitio>.

8   Informações podem ser obtidas no *site* do Ministério da Ciência e Tecnologia (MCT), disponível em: <http://www.mct.gov.br>. É importante consultar também o *site* da Finep, disponível em: <http://www.finep.gov.br>.

9   Informações podem ser obtidas no *site* do Sebrae (Serviço Brasileiro de Apoio às Micro e Pequenas Empresas), disponível em: <http://www.sebrae.com.br>.

Por intermédio de nossas redes, que podem ser formadas por meio de colegas de curso, amigos, colegas de trabalho, professores etc., podemos encontrar assessoramento em nossas necessidades. Assim como as pessoas, também as instituições são de suma importância para o empreendedor, haja vista o fato de estas disponibilizarem informações que podem facilitar o processo de implantação de uma atividade.

Da mesma forma que o empreendedor precisa conseguir financiamento para iniciar uma atividade, ele também precisa buscar assessoria para mantê-la essa atividade, pois essa assessoria é de extrema relevância hoje, principalmente em decorrência da alta competitividade dos mercados.

Dornelas (2008, p. 183-191) apresenta alguns exemplos de instituições nas quais o empreendedor pode buscar apoio:

- **Incubadoras de empresas**: são entidades sem fins lucrativos destinadas a amparar o estágio inicial de empresas nascentes que se enquadram em determinadas áreas de negócios. Para um empreendedor fazer parte de uma incubadora de empresa, ele deve apresentar também um plano de negócios de seu empreendimento.
- **Sebrae**: é a principal entidade de apoio aos empreendedores brasileiros.
- **Universidades e institutos de pesquisa**: muito embora nós, brasileiros, não tenhamos o hábito de recorrer às universidades para a solução de problemas, podemos contar com bons profissionais à disposição nessas instituições, das quais partem os fundamentos gerenciais, tecnológicos etc.
- **Instituto Empreender Endeavor**[10]: é uma entidade internacional sem fins lucrativos que atua no suporte ao empreendedorismo em países em desenvolvimento.

Dessa forma, podemos observar que são diversas as opções de auxílio ao empreendedor, bastando apenas que ele se prepare e busque assistência nos órgãos competentes.

---

10 Informações podem ser obtidas no *site* da Endeavor Brasil, disponível em: <http://www.endeavor.org.br>.

5.4

Questões legais
de constituição da empresa

No *site* do Sebrae, encontra-se detalhadamente o processo a ser seguido para a abertura de uma empresa. Na sequência, descrevemos esse processo para facilitar o entendimento acerca dos passos a serem seguidos. Muito embora, na maioria dos casos, um empreendedor normalmente contrate os serviços de um contador, essa ação não se faz necessária, exceto para aqueles que não disponibilizem de tempo para realizarem tais atividades.

- **Consulta comercial**: tem como finalidade a aprovação do local de funcionamento da empresa pela prefeitura do município. Para tanto, verifica-se a conformidade, em termos legais, das atividades a serem desenvolvidas com a área (bairro, rua, avenida etc.) onde a empresa será instalada. Órgão responsável: Prefeitura Municipal; Secretaria Municipal de Urbanismo.
    - Documentação necessária: é preciso preencher um formulário próprio (cada prefeitura deve ter o seu) e anexar cópia do carnê do Imposto Predial Territorial Urbano (IPTU) referente ao local pretendido. Informar também:
        - área do estabelecimento em m^2;
        - endereço completo;
        - atividade a ser desenvolvida no local.

Após tal procedimento, passa-se à busca do nome da empresa, que deve ser uma prática também observada no momento de sua abertura.

- **Busca de nome e arquivamento do controle do contrato social/declaração de empresário individual**: tal ação tem a finalidade de aprovação do nome comercial pretendido, com pesquisa realizada na Junta Comercial, onde também deve ser feito o arquivamento do contrato social. Para tal, requer-se a seguinte documentação:

- **Para a busca de nome**: formulário próprio preenchido com três opções de nomes empresariais.
- **Para arquivamento do contrato social**: contrato social ou Declaração de Empresário Individual assinada em 3 vias; cópia autenticada do RG e do CPF dos sócios; requerimento-padrão (capa da junta) assinada em 1 via; cópia autenticada da Ordem dos Advogados do Brasil (OAB), quando necessário; pagamento de taxas por meio da Guia de Recolhimento de Preços (GRP) e do Documento de Arrecadação da Receita Federal (Darf).
- **Solicitação do CNPJ**: tem a finalidade de incluir a empresa no Cadastro Nacional de Pessoa Jurídica (CNPJ). Tal solicitação deve ser feita à Receita Federal do Brasil. Para tal, é necessário observar os seguintes procedimentos:
    - Deve-se preencher um formulário de CNPJ, disponível no *site* da Receita Federal do Brasil, e enviá-lo eletronicamente à entidade, por meio do próprio *site*. Em seguida, o formulário deve ser impresso e assinado pelo administrador, com firma reconhecida do documento básico de entrada (DBE), que, anexado a uma cópia autenticada do contrato social, deve ser entregue via postal para a Receita Federal do Brasil, para obtenção do CNPJ. Embora a documentação seja enviada pelo correio, o comprovante do CNPJ fica disponível no próprio *site* da Receita Federal.
- **Alvará de licença**: tem a finalidade de conceder licença para o desenvolvimento das atividades no local pretendido. Os órgãos responsáveis são a Prefeitura Municipal e a Secretaria Municipal das Finanças/Fazenda.

    São necessários os seguintes documentos:
    1. preenchimento de formulário próprio (prefeitura);
    2. consulta comercial aprovada;
    3. cópia do CNPJ;
    4. cópia do contrato social;
    5. laudo do corpo de bombeiros, quando for o caso;
    6. laudo da vigilância sanitária, quando for o caso;
    7. outros documentos específicos pedidos na consulta comercial, quando for o caso.

- **Inscrição estadual**: é obrigatória para empresas dos setores do comércio, indústria e serviços de transporte intermunicipal e interestadual. Também estão incluídos os serviços de comunicação e energia.
    - **Finalidade**: obter o cadastro no Imposto sobre Circulação de Mercadorias e Prestação de Serviços (ICMS). Deve ser feita na Receita Estadual – Agência de Rendas.
    - Documentação necessária:
        1. formulário eletrônico encontrado no *site* da Receita Estadual;
        2. comprovantes de endereço dos sócios, cópia autenticada ou original;
        3. cópia autenticada do contrato de locação do imóvel ou escritura pública do imóvel, quando for o caso;
        4. contrato de prestação de serviço do contador com a empresa;
        5. termo de compromisso do emissor de cupom fiscal;
        6. comprovante de contribuinte do Imposto sobre Serviços de Qualquer Natureza (ISSQN), para as prestadoras de serviços;
        7. certidão simplificada da junta para empresas constituídas há mais de três meses;
        8. cópia do contrato social;
        9. cópia do CNPJ;
        10. cópia do alvará de licença;
        11. RG e CPF dos sócios.

Depois de seguidos esses passos, deve-se solicitar à Vigilância Sanitária a licença sanitária, conforme dados a seguir.

- **Licença sanitária**: tem a finalidade de comprovar que a empresa está em condições para funcionar dentro dos padrões de higiene e saúde. A solicitação deve ser feita na Secretaria Municipal de Saúde da prefeitura municipal – Vigilância Sanitária. Os documentos necessários são:
    1. cópia do contrato social;
    2. cópia do CNPJ;

3. cópia do atestado de viabilidade, aprovado na consulta comercial.

- **Matrícula no Instituto Nacional do Seguro Social (INSS)**: toda empresa deve estar registrada no INSS – Divisão de Matrículas.
- **Outros documentos**: dependendo da atividade a ser desenvolvida, há necessidade, ainda, de requerer laudos de outros órgãos, tais como:
    1. Secretaria do Meio Ambiente;
    2. Secretaria do Desenvolvimento Urbano;
    3. corpo de bombeiros;
    4. conselhos de classe (Conselho Regional de Engenharia e Agronomia – Crea, Conselho Regional dos Representantes Comerciais – Core, Conselho Regional de Engenharia e Agronomia – CRM etc.);
    5. Serviço de Vigilância Sanitária.

Vale lembrar que é muito importante consultar a legislação que diz respeito ao negócio para verificar quais são os procedimentos necessários e se existe algum órgão público que exige autorização para funcionamento. Por exemplo: é necessário pedir autorização de funcionamento para o Instituto Ambiental do Paraná (IAP) para abrir uma lavanderia, pois há necessidade do tratamento químico dos dejetos industriais.

Outro aspecto a ser observado diz respeito às alterações da Lei Geral da Micro e Pequena Empresa, tendo em vista o fato de esta ter como finalidade auxiliar no desenvolvimento dos pequenos empresários.

Dominando os conceitos abordados neste livro, você estará apto a colocar em prática o plano de negócios e obter sucesso num empreendimento. Evidentemente que, como abordamos em várias partes desta obra, cada caso é um caso e merece uma análise e enfoque aprofundados. O importante é saber que ter os conhecimentos básicos sobre o tema facilita o processo de desenvolvimento de um plano de negócios que, porventura, seja exigido com maior nível de especificações.

6

A importância das pequenas e médias empresas para a economia de um país

Você pode estar se perguntando o porquê de tratarmos aqui das pequenas e médias empresas, já que o nosso assunto é empreendedorismo. O fato é que a grande maioria dos empreendedores está ligada às micros, pequenas e médias empresas, exceto os empreendedores corporativos, os quais normalmente se destacam nas grandes corporações. As pequenas empresas têm uma grande importância no cenário econômico brasileiro, haja vista serem responsáveis por grande parte dos empregos gerados e terem enorme representatividade no Produto Interno Bruto (PIB) do país.

O ambiente dos negócios apresenta-se competitivo e, no atual contexto, é necessário estar atento às mudanças a fim de que a empresa se mantenha ativa no mercado. Assim, torna-se essencial analisar as possibilidades e tendências que se apresentam às pequenas e médias empresas para se tornarem competitivas e se manterem nesse mercado.

6.1

Empresas: uma breve caracterização

Empresa é uma organização particular, pública ou de economia mista, que tem a finalidade de produzir e oferecer bens ou serviços, com o objetivo de atender às necessidades humanas. Para Sandroni (2002, p. 203), "empresa é uma organização destinada à produção e/ou comercialização de bens e serviços, tendo como objetivo o lucro".

Podemos dizer que empresas são instituições que existem a fim de satisfazer as necessidades humanas, pois todos nós precisamos de moradia, alimentação, educação etc. e é para oferecer esses produtos e serviços que elas foram criadas. Nesse sentido, Stadler (2004, p. 10) enfatiza que "Uma empresa pode ser definida como sendo uma organização intencionalmente constituída de pessoas e recursos tecnológicos, com o intuito de produzir e vender bens e serviços, a fim de satisfazer as necessidades e expectativas do seu público-alvo".

As empresas podem ser individuais ou coletivas e, quanto ao ramo de atividades, são classificadas em:

- empresas industriais;
- empresas comerciais;
- empresas de prestação de serviços.

No que tange às categorias de empresas, podem ser classificadas pelo setor econômico (primário, secundário e terciário), pelo número de proprietários (individual, de responsabilidade limitada ou sociedade anônima), pelo tamanho (micro, pequena, média ou grande) e também pelo fim (fins lucrativos ou não lucrativos).

Vale salientar que, na maioria dos casos, as micro e pequenas empresas dependem para sobreviver de uma única pessoa, o proprietário. Dessa forma, podemos inferir que a empresa funciona como uma extensão da personalidade de quem a está colocando em funcionamento.

Bensadon (2001) enumerou algumas peculiaridades que podem ser observadas para a caracterização de uma micro ou pequena empresa, apontando que esta apresenta estrutura simples, número de diretores reduzido e centralização no dirigente principal, mas destaca-se por satisfazer mais facilmente as necessidades de especialização. Outro fator relevante é a limitação dos recursos e a dificuldade de acesso às fontes de capital de giro e às inovações tecnológicas, entre outras.

O autor ressalta que as características acima, ao serem associadas à estrutura dos empreendimentos, conferem-lhes "capacidade de resposta rápida às oportunidades, ameaças e demandas surgidas no ambiente externo" e, assim, podem ser consideradas uma vantagem perante os grandes empreendimentos. Outra vantagem que Bensadon (2001, p. 11) ressalta é que essas empresas têm "todos os setores administrados e controlados pelo empreendedor" e, ainda, que, pelo fato de serem pequenas, "realizam um pequeno volume de operações e transações", sendo, portanto, facilmente administradas.

No que tange ao aspecto legal de constituição da empresa, vale aqui destacarmos o enquadramento das empresas de acordo com o faturamento.

A Lei nº 9.841, de 5 de outubro de 1999 (revogada pela Lei nº 123, de 14 de dezembro de 2006), instituiu o Estatuto da Microempresa e da Empresa de Pequeno Porte, dispondo sobre o tratamento diferenciado previsto nos arts. 170 e 179 da Constituição Federal do Brasil de 1988.

> No Brasil, há diversas definições de micro e pequena empresa (MPE). O Estatuto da Micro e Pequena Empresa (Lei nº 9.841, de 5 de outubro de 1999) considera microempresa aquela com faturamento bruto anual de até R$ 433.755,14 e pequena com faturamento bruto anual de até R$ 2.133.222,00. Para o regime tributário especial (Lei nº 9.317, de 5 de dezembro de 1996 – Simples), a microempresa tem faturamento até R$ 120 mil e a pequena até R$ 1,2 milhão. Esses valores foram revistos pela Lei nº 11.196/2005 para, respectivamente, R$ 240 mil e R$ 2,4 milhões. Para efeitos tributários, existem diferentes definições empregadas por cada um dos Estados em seus programas de apoio à micro e pequena empresa – Simples Estaduais. Assim, uma pequena empresa para o governo federal pode não ser uma pequena empresa para o governo estadual e vice-versa. (CNI, 2006, p. 23)

Conforme o documento produzido pela Frente Parlamentar da Micro e Pequena Empresa ([S.d.], p. 4), a Lei nº 126/2006 assegurou benefícios em três pontos essenciais para a abertura e a consolidação dos empreendimentos:

- redução da carga tributária;
- desburocratização;
- estímulos ao desenvolvimento do pequeno negócio.

No que tange à redução da carga tributária, ela ocorre com a integração de oito impostos e contribuições da União, dos estados, do Distrito Federal e dos municípios, a partir de 1º de julho de 2007, quando entra em vigor o Simples Nacional.

Já no que se refere à desburocratização, além de promover a simplificação no processo de abertura, alteração e fechamento de empresas, o intuito foi reduzir o tempo para regularização do empreendimento, haja vista o fato de o empreendedor ter de dirigir-se somente a um órgão.

A nova lei previu também o acesso das micro e pequenas empresas às compras governamentais, à tecnologia, ao crédito, à exportação e aos juizados especiais.

6.2
Representatividade no contexto econômico mundial

Segundo informações disponibilizadas pelo Sebrae (2005, p. 23), as micro e pequenas empresas

> respondem por mais de 90% das empresas industriais brasileiras e por menos de 15% da produção industrial, segundo o IBGE – Instituto Brasileiro de Geografia e Estatística. Elas se encontram, sobretudo, nos setores de Vestuário, Alimentos, Minerais não metálicos, Produtos de Metal, Madeira, Móveis e Edição e Impressão.

É importante destacar que essas empresas dedicam-se quase que exclusivamente ao mercado doméstico. Apenas 8,6% das microempresas e 27,4% das pequenas exportam. Entre as micro e pequenas empresas que exportam, quase metade vê suas vendas externas responderem por até 5% do faturamento bruto, refletindo a baixa inserção internacional desse segmento (Sebrae, 2005).

Gráfico 6.1 – Representatividade percentual de empresas no Brasil

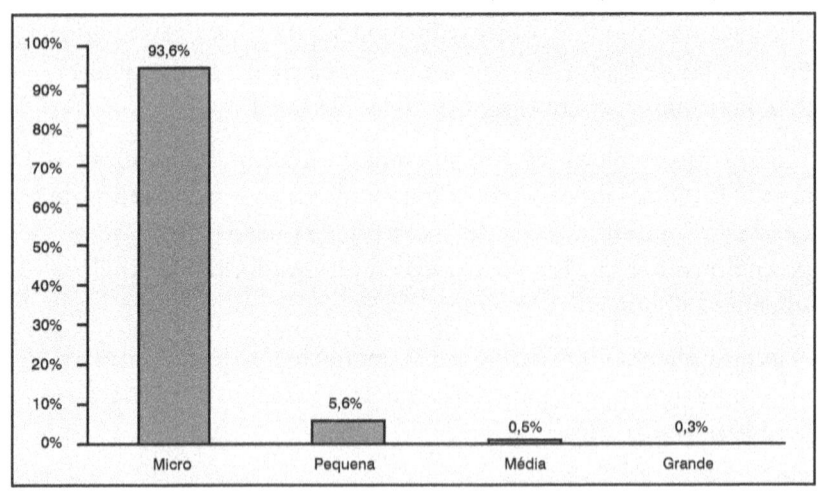

Categoria	Percentual
Micro	93,6%
Pequena	5,6%
Média	0,5%
Grande	0,3%

Fonte: Adaptado da Revista Sebrae, 2005, p. 24.

Conforme pode ser observado no Gráfico 6.1, a representatividade das micro e pequenas empresas no Brasil é bastante expressiva. Dessa forma, caberia ao governo dedicar especial atenção a essas empresas no que tange ao tratamento tributário; porém, percebe-se que isso ainda não vem acontecendo de forma significativa, proporcional à importância desse segmento para o cenário nacional. Essa representatividade ocorre tanto em números de empresas quanto em números de empregos gerados no país. No Gráfico 6.2, podemos perceber essa proporção nos percentuais de geração de empregos.

Gráfico 6.2 – Representatividade de ocupação nas empresas formais

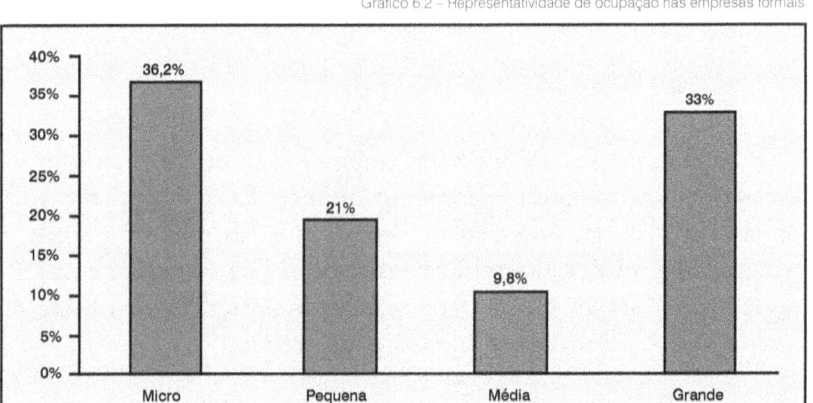

Categoria	Percentual
Micro	36,2%
Pequena	21%
Média	9,8%
Grande	33%

Fonte: Adaptado da Revista Sebrae, 2005, p. 24.

São necessários, portanto, estímulos para que estudos sejam desenvolvidos, a fim de se conhecer melhor este universo que tem tamanha representatividade para a economia nacional e até mesmo para a mundial, haja vista, em outros países, os números serem também de igual ou maior representatividade. Instituições como o Sebrae, que apoiam e capacitam os pequenos empresários, podem contribuir imensamente para que as estimativas de sucesso dessas empresas se tornem cada dia mais evidentes.

Entre os fatores que contribuem para as altas taxas de mortalidade das micro e pequenas empresas, muitos autores da área se referem ao despreparo administrativo dos gestores, bem como a questões estruturais, como a política e a economia.

Bensadon (2001, p. 19) identifica alguns fatores tidos como responsáveis pelo fracasso dos empreendimentos de pequeno porte:

- má administração, com destaque para a falta de planejamento, de competência gerencial e de conhecimento prático no ramo escolhido;
- planos econômicos/economia mutante;
- concorrência;
- desinformação, falta de conhecimento ou de atualização;
- acesso restrito às fontes de informações;
- falta de dedicação total ao negócio;
- industrialização tardia;
- dificuldade de acesso ao crédito e baixos investimentos;
- elevadas obrigações tributárias e jurídicas;
- falta de qualificação de mão de obra.

Sob o enfoque do autor, podemos perceber que existe a necessidade de se desenvolverem iniciativas no sentido de capacitar o pequeno empresário, com ênfase nas questões que dizem respeito ao tratamento tributário, para assim apoiar esse segmento da economia no estímulo ao desenvolvimento econômico do país.

Indicações culturais

Filmes

BEE MOVIE. Direção: Steve Hickner e Simon J. Smith. EUA: Paramount Pictures, 2007. 91 min.

O filme é uma animação que conta a história das abelhas desde o nascimento até a morte. Barry é uma abelha recém-formada que não se conforma em seguir os mesmos padrões seguidos por todas as gerações e decide tentar fazer algo que, aos olhos dos outros, seria impossível.

Barry consegue superar os obstáculos enfrentados e extrapola os limites estabelecidos pela colmeia, chegando a apaixonar-se por uma humana, a quem era proibido dirigir a palavra.

Com a história, podemos aprender inúmeras lições de empreendedorismo, como compreender que mais importante do que conseguir uma carreira de sucesso é o sentido que damos à nossa existência, é a predisposição para arrojar, empreender, descobrir aquilo que nos dá prazer, mesmo que no meio do caminho tenhamos de mudar o rumo da nossa vida ou carreira, porque o mais importante é gostar daquilo que se faz e, acima de tudo, fazer a diferença naquilo que se propõe a empreender e trazer uma contribuição efetiva ao mundo dos negócios.

MAUÁ: o imperador e o rei. Direção: Sérgio Rezende. Brasil: Columbia TriStar do Brasil, 1999. 132 min.

O filme retrata a trajetória de um destacado empresário, Irineu Evangelista de Sousa, o qual era barão e, posteriormente, tornou-se Visconde de Mauá.

Mauá pode ser para nós um exemplo de um indivíduo que consegue realizar os próprios sonhos quando se determina a enfrentar os obstáculos e decide ultrapassar as barreiras impostas. Mesmo com tantas adversidades, com o desestímulo dos governantes do país, Mauá ousou e fez a diferença diante de tantos que tentaram impedir que ele realizasse os próprios sonhos.

Livro

DOLABELA, F. **O segredo de Luísa**: uma ideia, uma paixão e um plano de negócios – como nasce o empreendedor e se cria uma empresa. Rio de Janeiro: Sextante, 2008.

O livro mostra a história de uma empreendedora em busca da realização de seu sonho. A leitura é interessante em razão da forma como o autor expõe o tema, permeando teoria com acontecimentos da rotina de Luísa e dos demais participantes da história. O romance envolve a vida sentimental da personagem principal Luísa com a concretização da sua ideia de ter o próprio empreendimento. Vale a pena ler o livro na íntegra e aproveitar os ensinamentos que o autor dá como forma de consultoria para responder às dúvidas da empreendedora Luísa acerca do seu desejado negócio.

Bibliografia comentada

DORNELAS, J. C. A. **Empreendedorismo na prática**: mitos e verdades do empreendedor de sucesso. Rio de Janeiro: Elsevier, 2007.

O livro mostra a prática pela ótica dos empreendedores que já são bem sucedidos. Traz conceitos práticos aplicados e, dessa forma, orienta tanto empreendedores iniciantes como os mais experientes.

O autor procura fazer com que o leitor entenda o porquê de a atitude de "ser empreendedor" ser tão rotulada, discutindo logo de início a ênfase que se dá à definição do perfil do empreendedor de sucesso. Para isso, o autor apresenta argumentos favoráveis e contrários a essa linha de pensamento. Dornelas mostra também que não existe um perfil único de empreendedor, mas diversas formas de exercitar o empreendedorismo.

O livro traz, ainda, os resultados de um estudo realizado com vários empreendedores de sucesso no Brasil. Com isso, muitos mitos acerca do empreendedor são desfeitos e algumas verdades, ratificadas. Também se destacam algumas dicas e recomendações dos empreendedores da pesquisa, que podem contribuir para a prática do dia a dia do empreendedor iniciante ou experiente.

SALIM, C. S. et al. **Construindo planos de negócios**: todos os passos necessários para planejar e desenvolver negócios de sucesso. Rio de Janeiro: Elsevier, 2005.

O livro apresenta todos os passos necessários para planejar e desenvolver um negócio de sucesso, relacionando-se diversas áreas de modo a construir uma percepção do todo. Todas as etapas do plano de negócios estão explicadas e exemplificadas, constituindo-se uma visão integrada de todos os aspectos envolvidos. Além do passo a passo da elaboração do plano, os autores apresentam conceitos e esclarecem dúvidas ao trazer exercícios que possibilitam a identificação de soluções para casos específicos.

Síntese

Nesta primeira parte do livro, foi possível refletir um pouco sobre empreendedorismo e as principais características do empreendedor, identificado como intraempreendedor, empreendedor social, empreendedor serial ou aquele que abre um negócio.

Uma visão ampla do cenário atual para as micro e pequenas empresas revela as diversas oportunidades que se apresentam para esse segmento e sua representatividade em face do contexto econômico como um todo.

Outra perspectiva de grande relevância para o empreendedor tangencia a necessidade da elaboração de estratégias para conduzir um empreendimento, tanto na fase em que o empreendedor inicia suas atividades como no momento em que a empresa já está implantada.

Dada a necessidade de estimularmos o empreendedorismo por oportunidade, a elaboração e a adequada utilização de um plano de negócios são de fundamental importância, pois é com base nele que se decide acertadamente pela abertura ou não de um negócio, ou seja, se o negócio não tem possibilidades de retorno, o erro fica somente no papel, sem incorrer no risco de implantar a atividade e meses depois fechá-la. Vele lembrar que, ao decidir iniciar um negócio, o empreendedor pode se valer dos serviços de um profissional da contabilidade, que conhece melhor o processo e tem condições de auxiliar na resolução de questões essenciais para que a atividade tenha sucesso.

Referências

AGOSTINI, S. R. **Análise de fatores do sucesso na sucessão de empresas familiares de médio porte com destaque na economia regional do extremo oeste de Santa Catarina**: estudo de multicasos. 2001. 92 f. Dissertação (Mestrado em Administração) – Universidade Federal de Santa Catarina, Florianópolis, 2001. Disponível em: <http://www.tede.ufsc.br/teses/PCAD0519.pdf>. Acesso em: 10 dez. 2010.

ÂNGELO, E. B. O movimento empreendedor no Brasil. In: BRITTO, F.; WEVER, L. **Empreendedores brasileiros**: vivendo e aprendendo com grandes nomes. Rio de Janeiro: Campus, 2003.

BANGS JÚNIOR, D. H. **Guia prático**: planejamento de negócios – criando um plano para seu negócio ser bem-sucedido. São Paulo: Nobel, 2002.

BENSADON, A. D. C. **Pequenas empresas**: procedimentos para o planejamento organizacional do empreendedor contemporâneo. 2001. Dissertação (Mestrado em Engenharia de Produção) – Universidade Federal de Santa Catarina, Florianópolis, 2001.

BRASIL. Lei n. 9.841, de 5 de outubro de 1999. **Diário Oficial da União**, Poder Legislativo, Brasília, DF, 6 out. 1999.

CARNEIRO, F. A. A. **Programa empreender**: inclusão social através do microcrédito. Monografia de Conclusão de Curso (Graduação em Administração) – Centro Universitário de João Pessoa – Unipê. João Pessoa, 2008.

CASAROTTO FILHO, N.; PIRES, L. H. **Redes de pequenas empresas e desenvolvimento local**: estratégias para a conquista da competitividade global com base na experiência italiana. São Paulo: Atlas, 2001.

CHIAVENATO, I.; SAPIRO, A. **Planejamento estratégico**: fundamentos e aplicações. Rio de Janeiro: Elsevier, 2004.

CLARO, J. R. S.; LOPES, C. P.; SANTOS, M. B. O empreendedorismo no Brasil e o processo de inovação: o caso Mauá. In: SEMEAD – Seminários em Administração FEA/USP, 11., 2008, São Paulo. **Anais...**, 2008.

CNI – Confederação Nacional da Indústria. **Indicadores de competitividade na indústria brasileira**: micro e pequenas empresas. CNI/Sebrae. Brasília, 2006.

CRIATEC – Fundo de Capital Semente. **Quem somos**. Disponível em: <http://www.fundocriatec.com.br/pt-BR/quem-somos>. Acesso em: 28 jan. 2014.

DOLABELA, F. **Oficina do empreendedor**. São Paulo: Cultura, 1999.

_____. **O segredo de Luísa**: uma ideia, uma paixão e um plano de negócio – como nasce o empreendedor e se cria uma empresa. Rio de Janeiro: Sextante, 2008.

DORNELAS, J. C. A. **Empreendedorismo na prática**: mitos e verdades do empreendedor de sucesso. Rio de Janeiro: Elsevier, 2007.

_____. **Empreendedorismo**: transformando ideias em negócios. 3. ed. Rio de Janeiro: Elsevier, 2008.

DRUCKER, P. F. **Administrando para o futuro**. São Paulo: Pioneira, 1996.

DRUCKER, P. F. **Desafios gerenciais para o século XXI**. São Paulo: Pioneira, 2001.

Endeavor Brasil. Disponível em: <http://www.endeavor.org.br>. Acesso em: 17 mar. 2011.

FILION, L. J. Empreendedores e proprietários de pequenos negócios. **Revista de Administração de Empresas**, São Paulo, p. 63-71, jul./set. 1999.

_____. From Entrepreneurship to Entreprenology. In: USASBE ANNUAL NATIONAL CONFERENCE ENTREPRENEURSHIP, 1997, San Francisco. **Proceedings**... San Francisco, 1997.

FRENTE PARLAMENTAR DAS MICRO E PEQUENAS EMPRESAS. **Lei Geral da Micro e Pequena Empresa**: ação parlamentar para o desenvolvimento. [S.l.]: Sebrae, [S.d.]. Disponível em: <http://www.info.leigeral.com.br/download/LivretoParlamentar_LeiGeral.pdf>. Acesso em: 28 jan. 2014.

HERZBERG, F. One More Time: How Do You Motivate Employees? **Harvard Business Review**, v. 46, p. 53-62, Jan./Feb. 1968.

HINGSTON, P. **Como abrir e administrar seu próprio negócio**. São Paulo: Publifolha, 2001.

HIRISH, P. **Entrepreneurship, Intrapreneurship and Venture Capital**: The Foundations of Economics Renaissance. Lexinton: Lexinton Book, 1986.

MASLOW, A. H. **Motivation and Personality**. Princeton: Princeton University Press, 1987.

MAXIMIANO, A. C. A. **Teoria geral da administração**: da escola científica à competitividade na economia globalizada. São Paulo: Atlas, 1997.

McLAUGHLIN, H. J. **Como montar seu plano de negócios**. Rio de Janeiro: Infobook, 1995.

MINTZBERG, H.; QUINN, J. B. **O processo da estratégia**. Tradução de James Sunderland Cook. 3. ed. Porto Alegre: Bookman, 2001.

OLIVEIRA, D. P. R. **Planejamento estratégico**: conceitos, metodologia e práticas. 22. ed. São Paulo: Atlas, 2005.

PASSOS, C. A. K et al. **Empreendedorismo no Brasil**: 2007. Curitiba: IBQP, 2008.

PIMENTEL, A. **Curso de empreendedorismo**. São Paulo: Digerati Books, 2008.

PORTER, M. E. **Estratégia competitiva**: técnicas para análise de indústrias. Tradução de Elizabeth Maria de Pinha Braga. 2. ed. Rio de Janeiro: Campus, 1986.

REVISTA SEBRAE. Brasília, DF: n. 15, jul./ago. 2005.

SALIM, C. et. al. **Administração empreendedora**: teoria e prática usando o estudo de caso. 2. ed. Rio de Janeiro: Elsevier, 2004.

_____. **Construindo planos de negócios**: todos os passos necessários para planejar e desenvolver negócios de sucesso. Rio de Janeiro: Elsevier, 2005.

SANDRONI, P. **Novíssimo dicionário de economia**. São Paulo: Best Seller, 2002.

SCHUMPETER, J. A. **The Theory of Economic Development**: An Inquiry Into Profits, Capital, Credit, Interest, and the Business Cycle. Cambridge: Harvard University Press, 1978.

SEBRAE – Serviço Brasileiro de Apoio às Micro e Pequenas Empresas. Iniciando um Pequeno Grande Negócio (IPGN). Módulo 2: Identificando oportunidades de negócios. Disponível em: <http://pt.scribd.com/doc/7078275/IPGN-SEBRAE-Curso-Sebrae2>. Acesso em: 17 mar. 2011.

_____. **Sobrevivência das empresas no Brasil**. Brasília, 2013. Coleção Estudos e Pesquisas. Disponível em: <http://www.sebrae.com.br/customizado/estudos-e-pesquisas/taxa-de-sobrevivencia-das-empresas-no-brasil/sobrevivencia-das-empresas-no-brasil.pdf>. Acesso em: 31 jan. 2014.

SERTEK, P. **Empreendedorismo**. Curitiba: Ibpex, 2007.

STADLER, A. **Gerenciamento econômico, técnico, administrativo e de pessoal**. Curitiba: Ibpex, 2004.

Segunda parte

Ética e responsabilidade social corporativa

Elaine Cristina Arantes

Sobre a autora

Elaine Cristina Arantes é graduada em Administração e especialista em Planejamento e Gestão de Negócios pela FAE Centro Universitário e em Docência e Orientação Acadêmica no Ensino a Distância pelo Centro Universitário Uninter. É também mestre em Administração pela Pontifícia Universidade Católica do Paraná (PUCPR), tendo desenvolvido uma pesquisa que relaciona o investimento em responsabilidade social e o retorno para as empresas. Foi finalista do Prêmio Ethos-Valor de Responsabilidade Social ao relacionar a decisão de compra do consumidor e o investimento em responsabilidade social feito pelas empresas.

Coordenou a implantação estratégica do processo de responsabilidade social em unidades industriais no Brasil, na China, na Eslováquia, na Itália e nos Estados Unidos, formando profissionais nesses países e aplicando os Indicadores Ethos de Responsabilidade Social. Trabalhou na área de *marketing* da empresa O Boticário, onde foi responsável por eventos institucionais e de lançamento de produtos no Brasil e no exterior. Coordenou também a produção de materiais de comunicação e ações de apoio e patrocínio a projetos culturais, esportivos e sociais.

Com 30 anos de experiência na iniciativa privada, no setor público e em instituições de ensino, trabalhou em organizações como Whirlpool/Embraco, Instituto Superior de Administração e Economia/Fundação Getulio Vargas (Isae/FGV), O Boticário, Herbarium Laboratório Fitoterápico e Serrana Mineração, nas áreas de responsabilidade social, *marketing* e comércio exterior. Atuou também no Ministério da Educação/Delegacia Regional do Paraná, em Curitiba.

Atualmente, integra o corpo docente do Instituto Federal de Educação, Ciência e Tecnologia do Paraná (IFPR) – Ensino a Distância, onde é vice-coordenadora do curso superior de Tecnologia em Gestão Pública e do curso técnico em Serviços Públicos.

Lecionou em cursos de graduação e pós-graduação, nas modalidades presencial e a distância, em instituições como ISAE/FGV, Centro Universitário Uninter e Eadcon, em parceria com o Instituto Chiavenato. É autora e parecerista de livros na área de administração.

Introdução

O tema da responsabilidade social tem estado nas agendas das organizações, tanto públicas e privadas quanto organizações não governamentais (ONGs). Alertas mundiais têm sido dados em relação ao aquecimento global, à preservação do meio ambiente e à inclusão social, entre outros problemas. Cada vez mais as empresas buscam incluir esses temas na gestão tendo em vista o equilíbrio entre o lucro e o respeito às pessoas e ao meio ambiente.

Esta segunda parte da obra tem como principal objetivo oferecer subsídios para você compreender melhor os aspectos que levam uma empresa a investir na implementação da responsabilidade social de maneira ética e transparente, convergindo com o foco estratégico da organização.

Com isso, dividida também em seis capítulos, esta parte oferece um conteúdo conciso, cuja abordagem inclui exemplos práticos, fundamentais para a compreensão da **responsabilidade social** e da **ética organizacional**.

No primeiro capítulo, abordaremos os conceitos fundamentais de responsabilidade social, importantes para a compreensão desse tema.

Daremos ênfase à implementação da responsabilidade social inserida no planejamento estratégico empresarial no segundo capítulo.

A integração entre investimento em responsabilidade social e gestão da marca será abordada no terceiro capítulo. Examinaremos como uma empresa converge os investimentos em responsabilidade social em criação de valor.

Já no quarto capítulo, apresentaremos os fundamentos da ética empresarial e examinaremos na prática como uma empresa pode discutir esse tema internamente como preâmbulo para a criação de seu código de ética, além da formação e criação do comitê interno de ética.

O quinto capítulo será dedicado à abordagem de casos práticos de implementação da responsabilidade social em pequenas e médias empresas.

Para concluir nossos estudos, no sexto capítulo apresentaremos os direcionadores fundamentais para implementar um processo de responsabilidade social empresarial.

Além da discussão de conceitos fundamentais para a compreensão do tema, você encontrará a aplicação prática destes em empresas e em organizações não governamentais. Comentários também serão feitos a respeito da participação da área pública na implementação da responsabilidade social empresarial em forma de parcerias estratégicas, envolvendo também as ONGs, as quais são fundamentais nesse processo.

À medida que você for lendo e compreendendo o conteúdo deste material, reflita sobre os casos que conhece e as situações em que já observou a aplicação dos conceitos enfocados. Como resultado dessa reflexão, procure encontrar caminhos para levar para seu contexto profissional e para sua vida pessoal os temas com os quais você se identificar.

1

Conceitos fundamentais de responsabilidade social

Para compreender o conceito de responsabilidade social como caminho para a sustentabilidade de uma empresa, é importante que você conheça também a evolução do pensamento socialmente responsável, não somente no Brasil, mas também em outros países. Da mesma maneira, faz-se necessário que você saiba quais movimentos estão sendo feitos pela Organização das Nações Unidas (ONU) no sentido de oferecer direcionadores para que a sociedade civil organizada se mobilize por um convívio mais justo e solidário. O estudo sobre **ética e responsabilidade social** focaliza esses temas no contexto empresarial e seu papel em face dos diferentes públicos com os quais uma organização se relaciona. Vamos sempre enfatizar aqui a importância do equilíbrio social, ambiental e econômico como base para a perenidade do negócio.

1.1

Conceitos de responsabilidade social e sustentabilidade

Muitas são as motivações para que o mundo se mobilize no sentido de discutir temas como **responsabilidade social** e **sustentabilidade**. Podemos citar aqui alguns desses motivos. Segundo o Relatório sobre a Situação da População Mundial 2011, publicado pela Divisão de Informações e Relações Externas do Fundo de População das Nações Unidas (Unfpa, 2011):

- a população mundial em 2015 será de 7,2 bilhões – 95% em países em desenvolvimento, estimulando instabilidade;
- na metade do século, o número de pessoas com mais de 60 anos de idade será 2,4 bilhões;

- 50% dos habitantes do planeta vivem em cidades e esse percentual aumentará para 75% nos próximos 35 anos;
- 43% da população tem menos de 25 anos de idade e, em alguns países, esse percentual aumenta para 60%;
- enquanto alguns mercados buscam mão de obra para salvar sua economia, outros convivem com uma migração crescente dos grandes centros para a periferia em busca de um custo de vida mais acessível, mas sem oferta de trabalho.

Para refletir a respeito desses temas, a primeira pergunta que nos fazemos é: Afinal, o que é **responsabilidade social**? Trata-se de um conceito que vem sendo difundido no Brasil desde 1998, quando foi criado o Instituto Ethos de Empresas e Responsabilidade Social[1].

O conceito de responsabilidade social é delineado no meio empresarial e passou por algumas revisões. Hoje, temos o que se constitui em uma forma de gerir definida por uma relação ética, conduzida de forma transparente, entre a empresa e seus diferentes públicos (funcionários, clientes, governo, comunidade, sociedade, meio ambiente, fornecedores etc.), chamados de *stakeholders*. A responsabilidade social parte também de algumas premissas. São elas:

- a preservação de recursos ambientais, além de recursos culturais, para as próximas gerações;
- o respeito à diversidade, conceito relacionado ao tratamento equitativo a todas as pessoas, independentemente das diferenças relativas a aspectos como etnia, sexo, religião, idade e cultura;
- a promoção da redução das desigualdades sociais.

Esses conceitos são entendidos como *contemporâneos* em virtude de sua aplicação absolutamente atual e relacionada à realidade em que vivemos. Contudo, essa é uma visão contra a qual alguns autores se posicionam. Entre os autores que se opõem à participação

---

1   O Instituto Ethos de Empresas e Responsabilidade Social é categorizado como uma organização da sociedade civil de interesse público (Oscip). Sua fundação data de 1998. Teve sua origem na união de vários empresários com o objetivo comum de socializar conhecimentos e experiências para desenvolver técnicas que auxiliem as empresas a gerir e a analisar suas atividades com o propósito de assumirem o compromisso com a responsabilidade social e o desenvolvimento sustentável. Tornou-se referência internacional no seu âmbito de atuação.

das empresas na busca de soluções para os problemas sociais está Milton Friedman, economista norte-americano que recebeu o Prêmio Nobel em Ciências Econômicas e esteve entre as pessoas que aconselhavam os presidentes da República dos Estados Unidos. Friedman argumenta que os executivos de uma empresa não devem ter outra responsabilidade em suas atividades dentro do negócio senão a de gerar mais lucro.

Sustentabilidade, segundo o pesquisador John Elkington, é um conceito relacionado ao equilíbrio entre os aspectos econômicos, sociais e ambientais. Elkington deu o nome de *Triple Bottom Line* – TBL, (em português, "Linha de Base Tripla" ou "Tripé da Sustentabilidade") ao equilíbrio necessário entre os aspectos econômicos, sociais e ambientais considerados por uma organização na sua tomada de decisões de negócio. Sustentabilidade também é um conceito relacionado ao longo prazo e, como tal, precisa ser gerido em cada processo de uma organização ou em cada atitude de um indivíduo.

Da mesma maneira, responsabilidade social também é uma forma de gestão que pode ser relacionada tanto a uma organização como a um indivíduo. Não é verdade que, desde pequenos, ouvimos nossos pais dizerem para fecharmos a torneira ao escovarmos os dentes? Esse conceito está presente na vida de cada um de nós, muito antes de nos tornarmos profissionais e fazermos parte de uma organização.

Desenvolvimento sustentável é um conceito que surgiu em 1987, a partir das discussões feitas pela Comissão Brundtland, a qual foi formada pela ONU e comandada pela então primeira-ministra da Noruega, Gro Brundtland.

Assim, a produção de papel, por exemplo, representa um setor da economia que não precisa ser extinto por explorar florestas. Em conformidade com o conceito de desenvolvimento sustentável, o importante é que a indústria do papel invista no reflorestamento, ou seja, na preservação da fonte de matéria-prima para que as próximas gerações possam fazer bom uso dela.

É importante observarmos, ainda, que não somente as empresas e os indivíduos têm papel relevante na busca pela sustentabilidade; também os governos precisam estar engajados, uma vez que, em princípio, cabe a eles a garantia do bem-estar do povo.

Assim, surgem mais alguns conceitos a serem assimilados:

- Primeiro setor: constituído pelo Estado.
- Segundo setor: constituído pela iniciativa privada.
- Terceiro setor: constituído pelas organizações não governamentais (ONGs).

1.2

Conceito de *stakeholders*

Definimos anteriormente *responsabilidade social* como uma forma de gestão da empresa baseada em uma relação ética e transparente com seus *stakeholders* ou públicos com os quais ela mantém contato e que, de alguma maneira, são afetados por suas operações, seja na fabricação de produtos, seja na prestação de serviços.

Autores como Grayson e Hodges (2002) afirmam que, para a implementação da estratégia empresarial, é importante considerar os *stakeholders*. Além disso, cinco pontos principais devem ser avaliados com atenção para que o envolvimento dos *stakeholders* seja consistente e efetivo. São eles:

1. a garantia da abertura de um canal de comunicação que possibilite o diálogo;
2. a capacidade de emitir uma mensagem sobre um assunto de forma que a empresa tenha credibilidade;
3. o estabelecimento de parcerias com ONGs;
4. a conquista da confiança do público mediante a consistência e a coerência entre o discurso da organização e as ações que ela realiza;
5. a utilização de uma linguagem de fácil acesso que garanta a compreensão do público.

Os *stakeholders* diretos de uma empresa são acionistas, funcionários, comunidade, fornecedores, clientes, meio ambiente, governo e sociedade. Há também alguns *stakeholders* que podemos considerar incluídos em "sociedade", mas que precisam ser percebidos claramente em razão de seu papel em relação às organizações. São eles: concorrência, mídia, instituições de ensino, organizações internacionais, ativistas, sindicatos e ONGs, entre outros.

1.3

Investimento social *versus* filantropia

É importante salientarmos que existe uma diferença expressiva entre investimento social e filantropia. Enquanto a filantropia está relacionada às doações de indivíduos ou empresas e não pressupõe qualquer contrapartida além do benefício social, o investimento social relaciona-se à gestão, incluindo monitoramento e retorno.

Nesse sentido, o Instituto Ethos (2010a) considera que investimento social é um conceito que implica o uso voluntário de recursos privados de maneira planejada, ou seja, com base em um diagnóstico que resulte em projetos sociais que beneficiarão a comunidade conforme suas necessidades e expectativas.

Isso não significa dizer que **filantropia**, **doação** e **assistencialismo** não façam parte da responsabilidade social de um indivíduo ou de uma organização. O que afirmamos aqui é que o investimento social não atende a uma situação emergencial no caso de uma enchente, por exemplo.

Uma amostra de investimento social é a inclusão digital. Quantas empresas você conhece que, em algum momento, dispõem de seus computadores e os substituem por equipamentos novos? A questão é: O que fazer com os equipamentos antigos? Muitas empresas organizam um espaço físico dentro da própria estrutura da organização e colocam esses computadores à disposição das comunidades interna e externa. Essa ação, para ser considerada como investimento social, precisa partir de um diagnóstico prévio que apresente a necessidade que a comunidade tem de aprender a trabalhar com computadores, não somente para se atualizar em termos de conhecimento, mas principalmente para possibilitar melhor colocação no mercado de trabalho.

1.4

Breve histórico da responsabilidade social no mundo e no Brasil

A seguir, você encontra uma breve linha do tempo que evidencia alguns dos fatos mais relevantes que contribuíram para a discussão, a definição e a disseminação de temas e conceitos relativos à responsabilidade social, à sustentabilidade e ao desenvolvimento sustentável. No quadro é possível identificar fatos que ocorreram no Brasil, alguns especificamente em outros países e fatos de alcance global.

Quadro 1.1 – Breve linha do tempo sobre a responsabilidade no Brasil e no mundo

1919	ONU – Liga das Nações.
1948	Declaração dos Direitos Humanos.
1953	Estados Unidos da América – "Responsabilidade social dos homens de negócios" – Howard Bowen.
1960	Clube de Roma.
Anos de 1970	Associação dos Dirigentes Cristãos de Empresas (ADCE Brasil) – conscientizar as empresas da necessidade de desempenharem sua função social não somente em relação aos seus funcionários, mas também à comunidade.
1975	Brasil – Decreto nº 76.900, o qual torna obrigatória a publicação pelas empresas da Relação Anual de Informações Sociais (Rais) – precursora do Balanço Social.
1977	França – Balanço Social.
1981	Instituto Brasileiro de Análises Sociais e Econômicas (Ibase).
1984	Brasil: primeiro Balanço Social.
1989	Discussões realizadas no Comitê de Filantropia da Câmara Americana de Comércio (Amcham) deram origem ao Grupo de Institutos, Fundações e Empresas (Gife).
1991	Brasil – Critérios do Prêmio Nacional de Qualidade (PNQ).
1992	Conferência das Nações Unidas sobre Meio Ambiente e Desenvolvimento Humano (conhecida como *Eco 92* ou *Rio 92*).
1993	Brasil – ISO 14000.
1997	Global Reporting Initiative (GRI) e Protocolo de Kyoto.

(continua)

(Quadro 1.1 – conclusão)

1998	SA 8000.
1998	Instituto Ethos de Empresas e Responsabilidade Social.
1999	Global Compact.
2000	Brasil – Indicadores Ethos.
2001	Fórum Social Mundial.
2004	Brasil – ISO 16000.
2010	Global ISO 26000.

Diversos movimentos ocorridos no Brasil desde a década de 1990 demonstram o grande interesse que o governo, os empresários, os acadêmicos e a mídia em geral têm com relação ao problema social no país.

A realização, em 1992, no Brasil, da Eco 92 ou Rio 92 foi um marco na discussão sobre a continuidade do desenvolvimento dos países sem a destruição do meio ambiente e com a promoção de maior justiça social. Esse evento gerou um documento conhecido como *Agenda 21*, compromisso assinado por 178 países que determina um roteiro de metas, ações e recursos, além do estabelecimento de responsabilidades, na busca pelo desenvolvimento sustentável.

Naquela mesma época, Herbert de Souza – mais conhecido como Betinho – conduziu a **Campanha contra a Fome**, movimento que foi apoiado por instituições do mundo inteiro. Foram também criadas organizações cujo foco são as questões sociais, os direitos humanos e a sustentabilidade ambiental, como: Compromisso Empresarial para Reciclagem (Cempre); Conselho Empresarial Brasileiro para o Desenvolvimento Sustentável (CEBDS); Fundação Brasileira para o Desenvolvimento Sustentável (FBDS); Instituto de Cidadania Empresarial (ICE); Grupo de Institutos, Fundações e Empresas (Gife); Fundação Abrinq (Associação Brasileira dos Fabricantes de Brinquedos).

Em 2001, realizou-se em Porto Alegre-RS a primeira edição do Fórum Social Mundial, que, desde então, vem sendo organizado anualmente no Brasil.

1.5

Normas voltadas para a gestão da responsabilidade social

A seguir, apresentamos um resumo das principais normas existentes atualmente para dar suporte à gestão da responsabilidade social.

- **SA 8000**

    SA 8000 é uma norma de responsabilidade social que busca garantir os direitos básicos dos trabalhadores em relação a nove princípios. Essa norma apresenta os seguintes critérios:

    - trabalho infantil;
    - trabalho forçado;
    - saúde e segurança;
    - liberdade de associação e reivindicações coletivas;
    - discriminação;
    - práticas disciplinares;
    - horas de trabalho;
    - compensação;
    - sistemas de gerenciamento.

- **AA 1000**

    AA 1000 é um padrão desenvolvido para melhoria do desempenho empresarial pelo aprendizado com *stakeholders*. Envolve a construção de indicadores, metas e sistemas de relato.

    A estrutura da AA 1000 contém processos e princípios para relatórios, prestação de contas e auditoria. A implementação dos processos da AA 1000 se dá em cinco fases:

    - Fase 1 – planejamento;
    - Fase 2 – contabilidade;
    - Fase 3 – auditoria e relatório;
    - Fase 4 – implementação;
    - Fase 5 – engajamento das partes interessadas.

- **ISO 14000**
  ISO 14000 é uma norma voltada para a gestão do meio ambiente. Determina que, para estar em conformidade, é necessário que a empresa desenvolva e adote: política ambiental, avaliação dos aspectos ambientais, avaliação de obrigações legais, sistema de gerenciamento e auditorias.

- **ISO 26000**
  Mais de 360 pessoas de mais de 60 países estão envolvidas diretamente no grupo de trabalho de redação da norma global de responsabilidade social (ISO 26000). A liderança do Grupo de Trabalho de Responsabilidade Social da ISO é compartilhada entre um país desenvolvido e um em desenvolvimento: Suécia e Brasil. Tem como princípio o envolvimento de países em desenvolvimento e partes interessadas usualmente excluídas dos processos dessa natureza.

  O escopo da norma ISO 26000 é o seguinte:
  - Ser consistente e não estar em conflito com acordos entre governos, tratados, convenções e outras normas da ISO;
  - Promover terminologia comum na área de responsabilidade social;
  - Prover orientação para:
    - operacionalização da responsabilidade social;
    - identificação e engajamento com *stakeholders*;
    - atendimento à demanda dos *stakeholders* (avaliação de desempenho, credibilidade dos relatos etc.).

1.6

Atuação da ONU: Pacto Global e Metas do Milênio

Em 1999, o então secretário-geral das Nações Unidas, Kofi Annan, lançou uma proposta com o objetivo de contribuir para o avanço da economia global baseada na sustentabilidade e na busca pela inclusão social.

Essa proposta é conhecida como *Pacto Global da Organização das Nações Unidas* (ONU, 2014), lançado pela ONU em 1999, em Davos, na Suíça. Seu objetivo é alinhar as estratégias das organizações com as necessidades voltadas aos direitos humanos, ao trabalho, ao meio ambiente e ao combate à corrupção. Compõe-se de dez princípios, divididos em quatro grupos. São eles:

- **Direitos humanos**
    1. Respeitar e proteger os direitos humanos.
    2. Impedir violações de direitos humanos.

- **Relações de trabalho**
    3. Apoiar a liberdade de associação e o direito à negociação coletiva no trabalho.
    4. Abolir o trabalho forçado ou compulsório.
    5. Erradicar o trabalho infantil.
    6. Eliminar a discriminação no ambiente de trabalho.

- **Meio ambiente**
    7. Adotar uma abordagem preventiva aos desafios ambientais.
    8. Promover a responsabilidade ambiental.
    9. Incentivar tecnologias que não agridem o meio ambiente.

- **Anticorrupção**
    10. Combater a corrupção em todas as suas formas, inclusive extorsão e propina.

As empresas podem assinar um compromisso com a ONU no sentido de considerar os **10 Princípios do Pacto Global** por meio do envio de uma carta pelo presidente da organização ao secretário-geral das Nações Unidas. Para prestar contas da atuação da empresa, a ONU espera receber anualmente um **relatório de progresso** que contemple todas as ações realizadas pela empresa e respectivos resultados alcançados, no contexto dos dez princípios anteriormente apresentados.

A comunicação desses resultados pelas empresas pode ser feita mediante a utilização do modelo conhecido como *Global Reporting Initiative* (GRI), por meio do qual elas são orientadas no sentido de abordar em seus relatórios corporativos cada um daqueles dez princípios.

Além do Pacto Global, a ONU propôs também ao mundo oito metas a serem cumpridas. Trata-se das **8 Metas do Milênio**:

- Meta 1: Erradicar a extrema pobreza e a fome.
- Meta 2: Atingir a universalização do ensino fundamental.
- Meta 3: Promover a igualdade entre os sexos e a autonomia das mulheres.
- Meta 4: Reduzir a mortalidade infantil.
- Meta 5: Melhorar a saúde materna.
- Meta 6: Combater o HIV, a malária e outras doenças.
- Meta 7: Garantir a sustentabilidade ambiental.
- Meta 8: Promover uma parceria mundial para o desenvolvimento.

Da mesma maneira que monitora o Pacto Global, a ONU também faz o monitoramento dos resultados obtidos pelas nações em termos do alcance das Metas do Milênio. O objetivo é que, até o ano de 2015, sejam cumpridas as propostas apresentadas.

Concluímos, dessa forma, que responsabilidade social se define pela forma de gerir de uma organização baseada em uma relação ética, conduzida de forma transparente, entre a empresa e seus diferentes públicos. Nesse sentido, o investimento em responsabilidade social é um caminho para a sustentabilidade e para o desenvolvimento sustentável.

2

Responsabilidade social inserida no planejamento estratégico empresarial

Vamos abordar neste capítulo alguns temas relacionados à inserção da responsabilidade social na gestão estratégica das organizações. Esses temas foram selecionados para que você compreenda que, quando falamos de responsabilidade social, estamos nos referindo a processo de gestão, e nunca a assistencialismo puro e simples, feito de maneira aleatória, sem planejamento. Pelo contrário, estamos nos referindo ao investimento planejado e monitorado em conformidade com o pensamento estratégico da organização no sentido de adicionar valor à marca, tornando-se um dos critérios de tomada de decisão de compra do consumidor.

Trataremos a gestão da responsabilidade social empresarial a partir do diagnóstico adequado da gestão da própria organização, passando pela definição das ferramentas de gestão e finalizando com a comunicação adequada dos resultados para o mercado, de acordo com um direcionador estabelecido e seguido por inúmeras empresas, em todo o mundo.

Consideramos importante destacar os benefícios que as empresas obtêm a partir do investimento em ações socialmente responsáveis, afinal de contas, qual acionista não está preocupado com o retorno para o negócio?

Na abordagem de todos esses assuntos, serão apresentados exemplos de empresas vistas como modelos na gestão estratégica da responsabilidade social.

2.1

Processo de gestão, cenários e diferenciação competitiva

Neste tópico, vamos enfocar três temas importantes para que você tenha uma percepção de como se dá a gestão de uma organização e possa refletir sobre a maneira como o investimento em responsabilidade social se insere no pensamento estratégico das organizações.

Processo de gestão: objetivos estratégicos, visão, missão e valores

Costuma-se dizer que não se gerencia aquilo que não se monitora. O monitoramento é feito no âmbito do processo de gestão durante a execução do plano de ação que, com base no foco estratégico da organização, busca alcançar a visão da empresa por meio da estratégia a ser seguida, considerando-se sua missão.

O nível estratégico, composto pela alta direção (presidência e diretoria), estabelece os objetivos e as metas a serem alcançados, por exemplo: até 2010, aumentar em 14% o número de clientes na carteira, reduzir em 10% os custos de produção e aumentar em 18% o volume de vendas. Em reunião com o nível tático da organização (gerências), são transmitidos os objetivos e as metas a serem alcançados.

O nível operacional da organização é formado por todos aqueles que estão nas equipes de trabalho da gerência, desde o coordenador até os operadores, na linha de produção. A área operacional da empresa coloca em prática os planos de ação definidos em conjunto com a área tática (gerências) e aprovados pela área estratégica (alta direção). Veja na Figura 2.1 a hierarquia de objetivos relacionada à hierarquia organizacional caracterizada pelos níveis estratégico, tático e operacional.

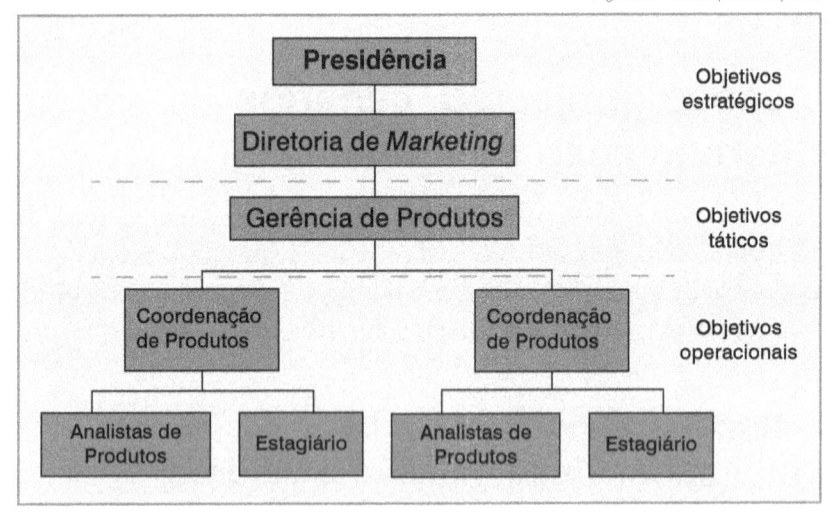

Figura 2.1 – Hierarquia de objetivos

```
Presidência ─────────────────────── Objetivos estratégicos
   │
Diretoria de Marketing
   │
Gerência de Produtos ─────────────── Objetivos táticos
   │
   ├──────────────────────┬──────────────────────┐
Coordenação            Coordenação           Objetivos operacionais
de Produtos            de Produtos
   │                      │
 ┌─┴─┐                  ┌─┴─┐
Analistas  Estagiário  Analistas  Estagiário
de Produtos            de Produtos
```

Comentamos que a visão da empresa oferece aos seus gestores a diretriz para a gestão estratégica da organização. Acreditamos ser interessante abordar esse tema já que a visão define aonde a empresa quer chegar, o que ela quer ser, que objetivo principal ela quer alcançar e para o qual direciona seus esforços, desejando contar com o comprometimento de seus funcionários.

Para atingir sua visão, como mencionamos anteriormente, a empresa define sua missão, ou seja, a tarefa para a qual ela se sente preparada. Tanto o alcance da visão como a missão da empresa, e todo o plano de ação definido e monitorado, precisam estar fundamentados nos valores definidos como essenciais e que sustentam todas as decisões das pessoas que trabalham nessa organização. Observe a seguir um exemplo de visão, missão e valores.

> **Lojas americanas**
>
> Cadeia de lojas de departamento que oferece produtos nas seguintes linhas: vestuário, utilidades domésticas, brinquedos, eletrodomésticos, alimentos, CDs e DVDs.
>
> - **Visão:**
>   "Ser a melhor empresa de varejo do Brasil."
>   A melhor empresa consiste em:
>   - Sermos considerados pelos clientes como a melhor opção de compras no Brasil;
>   - Sermos considerados pelos acionistas/investidores como o melhor retorno no segmento;
>   - Sermos uma excelente opção de desenvolvimento profissional no setor de varejo;
>   - Sermos um excelente canal de distribuição para os nossos fornecedores.
>
> - **Missão:**
>   "Ajudar as pessoas a melhorar continuamente a sua qualidade de vida, provendo-lhes acesso a produtos de qualidade, com o melhor atendimento e serviços, poupando-lhes tempo e dinheiro."

Fonte: Lojas Americanas, 2010.

Análise de cenários

Para avaliar os caminhos possíveis de serem seguidos por uma empresa para o alcance de sua visão, considerando-se sua missão e fundamentada nos seus valores, faz-se uma análise do ambiente de competição (mercado) e do ambiente interno (empresa) de modo a projetar possíveis cenários de atuação. O resultado obtido é fator crítico de sucesso para monitorar o plano de ação de maneira a atingir os objetivos propostos pelo nível estratégico.

Como mencionamos, essa análise de cenários considera aspectos internos e externos da organização e é conhecida como *Análise SWOT*.

Para analisar os aspectos internos de uma organização, são avaliadas suas forças e fraquezas que estão sob o controle dos gestores. Como exemplo, podemos citar a mão de obra especializada, que pode ser uma força, na medida em que o negócio precisa de pessoas talentosas e capacitadas, mas também pode ser uma fraqueza, uma vez que essas pessoas podem ser alvo de assédio da concorrência.

Quanto aos aspectos externos, consideram-se as ameaças e as oportunidades que estão relacionadas a questões políticas, legais, sociais e ambientais, entre outras, as quais não podem ser controladas pela empresa. A mudança de governo em época de eleições pode representar uma ameaça caso a empresa já tenha uma parceria firmada com os governantes atuais. Com toda a certeza, o risco social ou ambiental do negócio representa uma ameaça ao seu desempenho.

Podemos citar o exemplo da Petrobras, a qual, após o vazamento de óleo na Baía de Guanabara no ano de 2000, tem investido fortemente na manutenção de projetos sociais e ambientais que, de alguma maneira, ofereçam para a sociedade e para o meio ambiente um retorno daquilo que tanto um quanto o outro têm oferecido para o desempenho do negócio.

Diferenciação competitiva

Porter (1992) afirma claramente em sua obra que a diferenciação ocorre quando as empresas colocam no mercado produtos e serviços diferenciados que são percebidos dessa forma pelos seus consumidores. Esse mesmo autor enfatiza que as empresas têm uma visão muito limitada do que pode realmente fazer a diferença para o consumidor e que o levaria a decidir pela compra de uma marca em vez de outra. Afinal, a diferenciação não ocorre somente no que tange aos investimentos em práticas e *marketing* ou em desenvolvimento de produtos e serviços.

Estamos abordando esse assunto para ressaltar que tanto as ações de responsabilidade social corporativa quanto as práticas de sustentabilidade fazem parte do planejamento e da gestão estratégica das organizações, assim como a relação ética com todos os *stakeholders* deve fazer parte do cotidiano de qualquer organização. Não somente o investimento na relação com a comunidade é importante, como também a gestão do processo produtivo é fundamental no sentido de respeitar o meio ambiente.

A diferenciação competitiva está relacionada, portanto, à criação de valor para o produto ou serviço que a empresa oferece. Esse processo se dá não somente dentro do espaço físico da organização, mas em toda a sua cadeia de valor, desde os subfornecedores de matéria-prima até o pós-venda, passando pelo processo produtivo e pela relação da empresa com a comunidade, a sociedade, o meio ambiente, o governo e os acionistas.

A respeito da relação do consumidor com seus possíveis fornecedores, apresentamos o tópico a seguir para que você compreenda como se dá o processo de compra e reflita sobre a maneira como um consumidor recompensa uma empresa socialmente responsável, da mesma forma que pode punir, decidindo não comprar, a empresa que adota comportamentos social e ambientalmente irresponsáveis.

2.2
Processo de compra do consumidor

Vamos abordar o processo de compra do consumidor para compreendermos melhor como é tomada a decisão de compra e como o investimento em responsabilidade social pode interferir nos critérios utilizados.

A primeira etapa do processo de compra (e isso você pode comprovar fazendo uma análise do seu próprio comportamento como consumidor) é a percepção de uma necessidade. Na sequência, o consumidor procura informações sobre o produto ou serviço de que necessita, avalia as alternativas disponíveis, ou seja, avalia os fornecedores existentes no mercado, toma sua decisão sobre o que comprar, efetiva a compra e faz sua avaliação após o uso do produto ou serviço. A Figura 2.2 ilustra esse processo.

Figura 2.2 – Processo de compra do consumidor

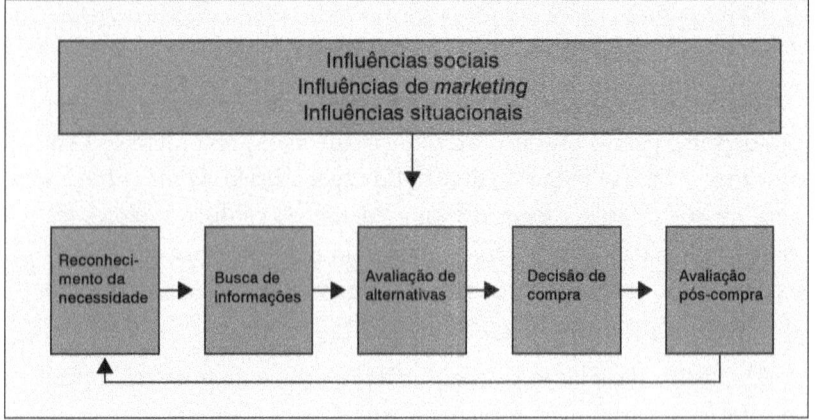

```
                    ┌─────────────────────────┐
                    │   Influências sociais   │
                    │ Influências de marketing│
                    │ Influências situacionais│
                    └───────────┬─────────────┘
                                ▼
┌──────────────┐  ┌──────────┐  ┌────────────┐  ┌──────────┐  ┌──────────┐
│Reconheci-    │  │Busca de  │  │Avaliação de│  │Decisão de│  │Avaliação │
│mento da      │─▶│informaçõ.│─▶│alternativas│─▶│compra    │─▶│pós-compra│
│necessidade   │  │          │  │            │  │          │  │          │
└──────▲───────┘  └──────────┘  └────────────┘  └──────────┘  └─────┬────┘
       └─────────────────────────────────────────────────────────────┘
```

Fonte: Churchill; Peter, 2005, p. 146.

Reconhecimento de necessidades

É importante saber que a motivação leva um consumidor a adquirir ou deixar de adquirir o produto ou serviço de uma empresa ou, ainda, saber a razão pela qual o consumidor prefere aquilo que o concorrente oferece.

Uma questão que podemos levantar, após avaliar essas informações, é se um consumidor que está na base da pirâmide estaria disposto a pagar mais por um produto socialmente responsável. Se você fizer uma reflexão e conversar com seus colegas, poderá chegar a uma conclusão parcial a respeito desse tema, mas que é importante para avaliar essa questão.

Busca de informações

Uma vez reconhecida a necessidade, o consumidor busca informações a respeito das diferentes maneiras de satisfazê-la. Aqui, é importante lembrarmos que é possível, por diferentes motivos, que a pessoa resolva não satisfazer sua necessidade naquele momento, adiando-a até um momento mais oportuno. Isso ocorre no caso da falta de poder aquisitivo ou de tempo. Conhecer o consumidor é importante, até mesmo, para ajudá-lo a resolver esses impeditivos, facilitando a forma de pagamento ou entregando o produto em casa. Vendas pela internet, em que as entregas são feitas por parceiros em logística, são uma boa saída para pessoas sem tempo de ir à loja para fazer suas escolhas.

Avaliação de alternativas

Obtidas as informações necessárias, o consumidor considera as alternativas de fornecimento do produto ou serviço, levando em conta características que para ele são determinantes na escolha.

Decisão de compra

Aparentemente, nessa etapa o consumidor está pronto para comprar, pois já sabe como atender à sua necessidade ou desejo, já obteve informações a respeito do produto ou serviço e sobre os fornecedores disponíveis no mercado e já se sentiu atraído por determinado valor que este ou aquele produto ou serviço oferece; assim, finalmente, pode se dirigir ao local de compra e efetivá-lo. Contudo, ainda é possível que, no último instante, alguma influência faça com que ele mude de ideia.

Avaliação pós-compra

Depois de comprar e experimentar o produto ou serviço, o consumidor o avalia de modo formal ou informal e, em geral, faz comentários com pessoas de seu convívio sobre o que comprou. Essa fase é decisiva para os profissionais de *marketing*, afinal, é nesse momento que o consumidor confirma sua preferência pela marca e passa impressões positivas para outras pessoas ou, ao contrário, tem impressões negativas influenciando as pessoas ao seu redor.

Os consumidores se baseiam também no valor percebido em relação ao produto ou serviço adquirido. Após a compra, ao perceberem que receberam um alto valor proporcionado pelos benefícios do produto ou serviço, ficam satisfeitos, mostram-se leais à marca e iniciam ou mantêm com ela um relacionamento de longo prazo.

Ao contrário, se sua percepção for de que receberam um valor inferior ao que foi pago, sentem-se insatisfeitos, pois sua necessidade não terá sido atendida, e reiniciam o processo de compra.

É importante lembrarmos que, em qualquer dos dois casos, existe a transferência de percepção para o círculo de pessoas com quem o consumidor convive, aproximando ou afastando outras pessoas da marca do produto ou serviço.

2.3

Diagnóstico da gestão socialmente responsável: Indicadores Ethos de Responsabilidade Social Empresarial

Como vimos anteriormente, os Indicadores Ethos de Responsabilidade Social Empresarial foram lançados pela primeira vez em 2000, durante a conferência nacional que debateu o tema naquela ocasião. Essa conferência realiza-se anualmente e passou a ser internacional, já que tem apresentado casos de outros países como temas para avaliação e reflexão.

Os Indicadores Ethos (2010b) possibilitam que a empresa faça uma autoavaliação e permitem formar uma visão da gestão no que diz respeito à adoção de práticas socialmente responsáveis, além do planejamento estratégico e do monitoramento do desempenho da organização. São considerados nessa avaliação os seguintes temas: **valores, transparência e governança; público interno; meio ambiente; fornecedores; consumidores e clientes; comunidade;** e **governo e sociedade**.

A metodologia de autoavaliação sugerida pelo Instituto Ethos prevê que sejam convidados funcionários da empresa pertencentes a todas as áreas, em todos os níveis. Durante um dia inteiro, essas pessoas se dividem em grupos e cada grupo analisa e avalia a gestão sob a perspectiva de um dos temas mencionados no parágrafo anterior. Na sequência, cada grupo apresenta sua avaliação, item por item, e a submete à avaliação de todos os presentes, que concordarão ou não com os resultados. Ao final, o coordenador desse trabalho terá um material que condensará todas as opiniões. A partir de então, são traçados planos de ação para melhorar o desempenho dos critérios julgados relevantes para a sustentabilidade do negócio e são definidos os responsáveis pela implementação e pelo monitoramento dessas ações; em seguida, são agendadas reuniões de acompanhamento.

2.4
Definição das ferramentas de gestão da responsabilidade social

Uma vez feito o diagnóstico da gestão da empresa com base nos Indicadores Ethos de Responsabilidade Social Empresarial (Instituto Ethos, 2010b), são definidas as ferramentas que serão empregadas para o monitoramento dessas ações. Sugere-se que sejam adotadas as mesmas ferramentas já utilizadas pela empresa, ou seja, se a empresa participa do Prêmio Nacional da Qualidade (PNQ), podemos considerar a presença do investimento em responsabilidade social nos critérios que essa ferramenta adota. São eles:

- liderança;
- estratégias e planos;
- clientes;
- sociedade;
- informações e conhecimento;
- pessoas;
- processos e resultados.

Dizemos isso, principalmente, porque entre os fundamentos do PNQ está a responsabilidade social, da visão de futuro e da geração de valor. Veja a seguir quais são esses fundamentos:

- pensamento sistêmico;
- aprendizado organizacional;
- cultura de inovação;
- liderança e constância de propósitos;
- orientação por processos e informações;
- visão de futuro;
- geração de valor;
- valorização das pessoas;
- conhecimento sobre o cliente e o mercado;
- desenvolvimento de parcerias;
- responsabilidade social.

2.5

Comunicação das ações socialmente responsáveis: Diretrizes GRI – Global Reporting Initiative

Tendo sido monitoradas e gerenciadas as ações desenvolvidas, pode-se pensar em comunicar para a sociedade os resultados obtidos. Observa-se que muitas empresas publicam relatórios corporativos em que apresentam os resultados financeiros do negócio no período anterior e dedicam uma parte do material para retratar ações sociais e ambientais. Podemos perceber que há muitos materiais que podem e devem ser enquadrados como parte da comunicação entre a organização e seus públicos de interesse.

Para sistematizar a comunicação das ações de responsabilidade social feitas por uma empresa, foi criada a Global Reporting Initiative – GRI (2010), que orienta quanto à produção desse material no sentido de oferecer ao mercado o mesmo nível de informações organizadas de maneira a facilitar sua leitura e compreensão.

2.6

Benefícios do investimento em responsabilidade social

Podemos nos perguntar quais são os benefícios que uma empresa tem quando investe em responsabilidade social, ou seja, quando investe no relacionamento com seus diferentes públicos. A seguir, comentamos alguns deles.

- **Atrair novos clientes e consumidores**: como vimos anteriormente, o comportamento do consumidor e sua decisão de compra passam por uma série de etapas e ocorrem por fatores que podem ser sociais e culturais, além de sofrerem a influência de grupos de referência.

- **Criar oportunidades para novos produtos e mercados**: como exemplo de novos produtos que estão surgindo no mercado, gerando até mesmo novas fontes de renda, podemos citar os orgânicos, os hidropônicos e os produtos elaborados com material reciclado, como vassouras feitas com garrafas PET, sola de chinelos feitos com pneus e sacolas feitas de jornal.

- **Atrair e reter talentos**: esse benefício está muito relacionado ao "orgulho de pertencer" que é tão estimulado pelas empresas que se dedicam a criar programas internos de benefícios extensivos aos familiares. Podemos citar aqui a campanha de comunicação realizada em 2009 pela Coca-Cola, fazendo referência ao programa Semana do Otimismo que Transforma. No comercial de televisão, uma criança fala do orgulho que sente pelo fato de seu pai trabalhar na empresa Coca-Cola e cita como exemplo as ações socialmente responsáveis que a empresa realiza.

- **Adicionar valor à imagem da marca**: podemos considerar que o investimento em sustentabilidade pode ser um nicho de mercado muito interessante para ser explorado pelo *marketing* das organizações, desde que feito de maneira consistente, correta e ética. Uma campanha de comunicação muito bem-feita e que adiciona valor à marca é desenvolvida pelo Banco Real (Grupo Santander), que associou sua marca à sustentabilidade e às ações voltadas para o social e o ambiental.

- **Atrair investidores**: esse benefício será mais detalhado no próximo capítulo, mas é citado aqui como importante em termos de retorno, já que o acionista sente-se mais seguro para investir em empresas que gerenciam o investimento em ações sociais e ambientais de maneira estratégica, minimizando, assim, possíveis impactos negativos e maximizando o valor da imagem da marca.

2.7
Retorno do investimento em responsabilidade social para o negócio

Como mencionado no capítulo anterior, o retorno para o negócio do investimento feito em responsabilidade social se dá quando as ações são implementadas, monitoradas e corrigidas no âmbito de um planejamento estratégico da organização.

Ações soltas, sem conexão com o negócio e com o público-alvo, sem monitoramento e sem correção, correm o risco de desperdiçar o orçamento da organização por não trazerem resultados positivos.

O retorno do investimento pode ser medido, por exemplo, por meio de uma pesquisa de clima realizada com os funcionários. A empresa tem a visão do seu público interno e pode fazer uma investigação sobre o impacto de suas ações entre as famílias, o que traria uma percepção em termos de relação com a comunidade. Também é possível incluir alguns itens referentes ao tema da responsabilidade social na avaliação de desempenho dos fornecedores, que é uma ferramenta já adotada pelas empresas. Nesse caso, sugerimos que os fornecedores sejam divididos numa curva A, B, C (ferramenta também já adotada pela área de compras das empresas) de investimentos em responsabilidade social. Assim, estariam no **Grupo A** as empresas mais adiantadas; no **Grupo B** as empresas que já investem, mas precisam de mais apoio; e no **Grupo C** as empresas que ainda não têm essa percepção e precisam ser estimuladas a começar.

Com relação aos acionistas, há algumas ferramentas de mensuração do retorno muito conhecidas entre as empresas de capital aberto. No Brasil, o Índice de Sustentabilidade Empresarial (ISE), desenvolvido pela Bolsa de Valores de São Paulo (Bovespa)[1], foi criado em 2005 e tem como missão:

- "Ser composto por empresas que se destacam em responsabilidade social, com sustentabilidade no longo prazo.
- Ser um referencial do desempenho das ações desse tipo de empresa. [...]
- Estimular boas práticas por parte das demais empresas." (BM&FBovespa, 2010).

A BM&FBovespa seleciona 150 empresas que tenham as ações mais líquidas no mercado para que respondam a um questionário com base no conceito TBL (*Triple Bottom Line*), ou seja, nos aspectos econômicos, sociais e ambientais. O Conselho do ISE é formado por representantes das seguintes instituições: a própria Bovespa, a Associação Brasileira das Entidades Fechadas de Previdência Complementar (Abrapp), a Associação dos Analistas e Profissionais de Investimento do Mercado de Capitais (Apimec), a Associação Nacional dos Bancos de Investimento (Anbid), o Instituto Brasileiro de Governança Corporativa (IBGC), o Instituto Ethos de Empresas e Responsabilidade Social Empresarial e a International Finance Corporation (IFC). Conta também com representantes do Programa das Nações Unidas para o Meio Ambiente (Pnuma) e do Ministério do Meio Ambiente.

---

1   Em 2008, houve a integração da Bolsa de Valores de São Paulo (Bovespa) com a Bolsa de Mercadorias e Futuros (BM&F), formando a BM&FBovespa.

Esse conselho escolhe as empresas com melhor classificação, considerando aspectos como:

- relacionamento da empresa com o público interno, os fornecedores e a comunidade;
- impacto ambiental de suas atividades;
- governança corporativa.

A permanência no ISE não é indefinida; anualmente o questionário é respondido e o conselho reavalia a situação da empresa, o que pode fazer com que se mantenha no grupo formador do ISE ou seja excluída. O ISE foi inspirado no Dow Jones Sustainability Index (DJSI)[2], criado em 1999 pela Bolsa de Valores de Nova Iorque.

O DJSI também avalia empresas com base nas dimensões econômica, social e ambiental, mas conta com uma auditoria internacional para verificar os resultados apresentados no questionário respondido pela organização.

Ter ações inseridas no DJSI é uma forma de a empresa ser reconhecida pelo mercado como atuante em termos de responsabilidade social corporativa e investidora na sustentabilidade a longo prazo, garantindo a perenidade da organização. Esse é um dos critérios que os investidores sem dúvida consideram antes de decidir em qual empresa colocarão seus recursos financeiros.

Ao longo deste capítulo, vimos que a sustentabilidade está inserida no processo de planejamento estratégico das organizações, uma vez que a formação do plano de ação se dá com base na avaliação de cenários que trazem informações sobre aspectos internos e externos da organização. Tais aspectos implicam o envolvimento dos públicos com os quais a empresa se relaciona e seu impacto é considerado forte na formulação do planejamento estratégico organizacional.

A gestão da responsabilidade social empresarial, como vimos, passa pelo diagnóstico adequado da gestão, pela definição das ferramentas de gestão e da comunicação dos resultados para o mercado, seguindo diretrizes já estabelecidas e adotadas mundialmente.

---

2   Para mais informações, acesse <http://www.sustainability-index.com>.

Como benefícios advindos do investimento em responsabilidade social, podemos mencionar a atração de novos clientes e consumidores; a criação de oportunidades para novos produtos e mercados; a atração e retenção de talentos; a intensificação da proximidade com *stakeholders*; a adição de valor à imagem da marca; a gestão de riscos; a antecipação da empresa às demandas das comunidades locais; e a atração de investidores.

Como exemplo de retorno para o negócio do investimento feito em responsabilidade social, destacamos: a inclusão das empresas em grupos formados pelas Bolsas de Valores de São Paulo e Nova Iorque, que representam para o investidor a segurança de aplicar seus recursos em empresas reconhecidas como sustentáveis.

3

Integração entre investimento em responsabilidade social e gestão da marca

Depois de apresentar os conceitos fundamentais relacionados ao tema da responsabilidade social e de analisar como esse processo se insere no pensamento estratégico de uma empresa, vamos discutir a integração entre investimento em responsabilidade social e gestão da marca.

Vamos enfocar esse tema neste livro uma vez que temos percebido um questionamento recorrente sobre a utilização pelo *marketing* dos projetos sociais e ambientais das empresas. Questiona-se até mesmo se é ético abordar a responsabilidade socioambiental quando se trata de preparar materiais de comunicação para uma organização.

Acreditamos que, diante desse cenário, é oportuna esta abordagem. Para explorarmos ao máximo o conteúdo deste capítulo, iniciaremos com uma revisão sobre o tema relativa à gestão do patrimônio da marca. Na sequência, vamos examinar temas relacionados ao investimento em responsabilidade social: o *marketing* social e o *marketing* para causas sociais.

3.1

Breve revisão sobre gestão da marca (*branding*)

Kotler (1998) enfatiza que "as marcas variam quanto a seu poder e valor no mercado". Assim, temos marcas não conhecidas, temos aquelas que têm bom nível de conscientização de marca, outras que apresentam alto grau de aceitabilidade e, por fim, marcas que têm um alto grau de fidelidade.

Aaker (1998) identifica cinco tipos de atitude do cliente em relação à marca:

1. O cliente trocará de marca, especialmente em razão do preço. Não há fidelidade.
2. O cliente está satisfeito e não vê razões para trocar de marca.
3. O cliente está satisfeito e sabe que terá custos se trocar de marca.
4. O cliente valoriza a marca e a considera parte de sua vida.
5. O cliente é devoto à marca, fiel a ela.

O patrimônio de marca, para Kotler (1998), liga-se diretamente ao número de clientes que adotam as atitudes expressas nos itens 3, 4 e 5 anteriormente expostos. Além disso, segundo Aaker (1998), o patrimônio de marca está relacionado ao grau de reconhecimento que o cliente dedica à marca, à qualidade percebida, a fortes associações emocionais e a outras propriedades da marca, como patentes.

Considerando que a marca é um patrimônio da empresa, vamos analisar quais vantagens oferece:

- Diminui a necessidade de investimentos para que o consumidor saiba quais são os atributos e os benefícios do produto ou serviço, já que são amplamente conhecidos.
- Distribuidores da marca têm a certeza de que o produto será procurado pelo consumidor e querem oferecê-lo em seus pontos de venda. Isso confere à empresa fabricante um poder de negociação mais amplo no momento da venda.
- O preço pode ser colocado acima daqueles praticados pela concorrência.
- A preferência do consumidor proporciona uma defesa em termos de competição pelo preço.

3.2

Gerenciamento de marca

Gerenciar o patrimônio da marca significa proporcionar valor para a empresa e para o consumidor. A geração de valor para a empresa se dá pelo aumento da eficiência e da eficácia dos programas de *marketing*, pela lealdade dos consumidores à marca, pelo aumento de margens (já que se investe menos em promoções), pelo crescimento de extensões de marca, pelo impulso aos canais de distribuição e pela conquista de vantagem competitiva em relação à concorrência.

Kotler (1998) afirma que, se uma empresa trata a marca apenas como um nome, está deixando de usufruir de um ativo que pode trazer inúmeros benefícios para o negócio. As características da marca podem ser copiadas pela concorrência e as especificações da marca podem deixar de ser relevantes para o consumidor com o passar do tempo por inúmeras razões.

Uma empresa gerencia o patrimônio da marca com o objetivo de acrescentar valor para o negócio, garantindo sua perenidade. Esse gerenciamento passa pela conquista e manutenção da lealdade à marca, pela conquista de conhecimento a seu respeito, pela percepção de sua qualidade, pelas efetivas associações em relação à marca e pela forma como se apresenta em termos de nome, simbologia e *slogan*.

Lealdade à marca

A conquista de novos consumidores é um processo que exige investimento de qualquer empresa. Nesse sentido, é muito menos oneroso manter aqueles já existentes, sobretudo quando estiverem satisfeitos com o desempenho da marca e a estiverem indicando para outras pessoas. Muitos consumidores não trocam de marca ainda que o custo dessa troca seja baixo. Isso se dá por estarem satisfeitos e não desejarem arriscar ou, então, como diz Aaker (1998), pelo fato de existir uma inércia entre os consumidores que faz com que permaneçam consumindo a marca que já conhecem sem nem se preocuparem em procurar outra concorrente.

A empresa deseja que o consumidor não seja indiferente à sua marca, escolhendo-a apenas pelo preço ou pela conveniência. Ao contrário, a empresa deseja ter uma relação com o consumidor que o leve a continuar a comprar mesmo que existam produtos ou serviços concorrentes com características superiores ou melhores preços. À medida que essa ligação se torna mais forte, reduz-se a vulnerabilidade da empresa em relação à concorrência.

A lealdade dos consumidores à marca representa um ativo estratégico que merece ser gerenciado, uma vez que proporciona benefícios como:

- **Redução no custo de *marketing*:** consumidores leais não fazem esforços para trocar de marca, o que reduz a necessidade de a empresa investir em campanhas de comunicação, eventos, amostras, brindes, promoções etc.
- **Alavancagem comercial:** as lojas sabem que os consumidores vão procurar determinada marca, assegurando sua presença nas gôndolas.
- **Atração de novos consumidores:** compradores satisfeitos e leais recomendam a marca a outras pessoas. Uma ação específica precisa ser feita pela empresa para estimular os consumidores a indicarem a marca.
- **Tempo para responder às ameaças da concorrência:** se um concorrente lança um produto ou serviço superior, a lealdade dos consumidores dará tempo à empresa para realizar as melhorias necessárias e para se reposicionar.

Conservar e aumentar a lealdade dos consumidores não é tarefa fácil, mas alguns caminhos são simples para que isso ocorra, como tratar corretamente o consumidor e estar próximo a ele, acompanhando sua satisfação por meio de pesquisas. Criar custos para a mudança de marca exige movimentos dos profissionais de *marketing*, assim como proporcionar benefícios extras, de modo a causar uma boa impressão, como no caso do hotel que deixa um bombom no quarto do hóspede ou um simples pedido de desculpas em caso de inconvenientes ocorridos.

Conhecimento da marca

O que é uma marca conhecida? Para Aaker (1998), trata-se da capacidade que um consumidor demonstra em recordar-se de uma marca ou reconhecê-la como integrante de certa categoria de produtos. Simplesmente colocar um dirigível no céu no litoral com o nome de uma marca de refrigerante ou cerveja pode despertar o desejo dos frequentadores da praia, mas de nada adiantará se não houver o produto disponível ao alcance dos consumidores.

O conhecimento de uma marca pode se dar em diferentes níveis. O **primeiro nível**, o mais baixo, é aquele em que o consumidor simplesmente não conhece a marca. Nesse caso, ações específicas da área de *marketing* precisam ser desenvolvidas e implementadas para que o consumidor experimente o produto ou serviço.

O **segundo nível** refere-se ao reconhecimento da marca. Nesse caso, um levantamento telefônico ou entrevistas feitas na rua podem ajudar consumidores a identificar a marca da empresa entre outras marcas que lhe são oferecidas. Esse procedimento auxilia o profissional de *marketing* a identificar o nível de conhecimento da marca que os consumidores demonstram ter.

A lembrança da marca é o **terceiro nível** e retrata a percepção espontânea da marca sem a necessidade do estímulo oferecido no nível anterior. Ao ser questionado sobre sua preferência, o consumidor espontaneamente menciona a marca que vem à sua mente.

O nível *Top of Mind* denota marcas que ocupam posição especial e estão à frente das concorrentes. Trata-se da única marca lembrada pelo consumidor e gera uma vantagem competitiva forte para a empresa. Uma pesquisa feita em 2008 pela Interbrand revela que a Nintendo é a marca mais lembrada pelos participantes da pesquisa, seguida de IBM, Coca-Cola, McDonald's e Microsoft.

Qualidade percebida

O que é qualidade percebida? Segundo Aaker (1998), trata-se do "conhecimento que o consumidor tem da qualidade geral ou superioridade de um produto ou serviço pretendido, em relação às alternativas". Esse conceito é diferente de **qualidade real** ou **objetiva**, que denota adição de serviço superior a um produto ou serviço; de **qualidade baseada no produto**, que diz respeito à natureza e à quantidade dos ingredientes, das características ou dos serviços envolvidos; e de **qualidade de fabricação**, que se relaciona a "defeito zero".

Qualidade percebida é um conceito associado ao conhecimento e ao julgamento referentes àquilo que é importante para os consumidores. Os critérios para julgamento podem estar relacionados a questões como facilidade de estacionamento na escolha de uma loja para comprar calçados; tempo de espera no caixa quando o consumidor precisa decidir a respeito de onde fazer suas compras diárias; atendimento do pessoal no balcão; ou ainda estoque dos itens desejados.

Qualidade percebida é intangível, pois diz respeito ao sentimento em relação a uma marca. O valor gerado pode ser traduzido de diferentes maneiras:

- **Razão de compra**: um consumidor pode não se sentir motivado a escolher um determinado fornecedor simplesmente porque a informação não está disponível no *site* da empresa e ele, que acessa a internet com frequência para resolver tudo o que precisa no seu dia a dia, prefere o concorrente que disponibiliza não somente informações, mas a venda pelo *site*.
- **Diferenciação e posicionamento**: uma ligação com a marca será mais forte quando for baseada em experiências positivas e comunicações frequentes. Considere a ligação entre as crianças e a marca McDonald's. Essa ligação seria muito fraca se dissesse respeito somente aos produtos oferecidos e aos anúncios em TV ou mídia impressa. São as experiências vividas dentro do ponto de venda que fortalecem essa relação com a marca, ou seja, os aniversários, os jogos, os brinquedos oferecidos na compra de produtos, a realização do McDia Feliz para beneficiar instituições e gerar fluxo no ponto de venda.
- **Preço *premium***: a qualidade percebida possibilita ao McDonald's cobrar um preço mais alto pelos produtos que

oferece, já que a concorrência, por mais que realize as mesmas ações no ponto de venda, não usufrui da mesma relação com a marca.
- **Interesse dos participantes do canal de distribuição**: os varejistas se sentem motivados a vender produtos de marcas mais conceituadas, que tenham procura pelos consumidores, em vez de estocar marcas que necessitem de grande esforço de *marketing* para serem vendidas.
- **Extensões da marca**: trata-se da utilização de um nome de marca de uma classe de produto (colônia, por exemplo) para entrar em outra classe de produto (lançar um creme e um sabonete com a mesma marca da colônia). Nesse sentido, a qualidade percebida de uma marca pode gerar vendas de outros produtos em outras categorias.

Ao analisarmos os fatores que influenciam a qualidade percebida pelo consumidor, compreendemos que algumas dimensões determinam seu julgamento e são específicas para produtos e serviços.

No que diz respeito aos produtos, são sete, segundo Aaker (1998), as dimensões consideradas pelo consumidor em sua percepção de qualidade:

- **Desempenho**: até que ponto essa máquina de lavar cumpre a tarefa de lavar roupas?
- **Características**: esse creme dental tem uma embalagem em tamanho conveniente?
- **Conformidade com especificações**: qual a incidência de defeitos apresentada por esse modelo de automóvel lançado no ano passado?
- **Confiabilidade**: o aparador de grama funcionará adequadamente toda vez que for usado? Durante quanto tempo?
- **Durabilidade**: qual o tempo médio de duração desse produto?
- **Disponibilidade de serviços**: com quantas concessionárias dessa marca posso contar em minha cidade?
- **Forma e acabamento**: o produto tem a aparência de um produto de qualidade?

Ao considerar esses aspectos, o cliente define sua percepção de qualidade em relação ao produto que deseja adquirir e faz a relação com a marca que o fabricou. A confiabilidade é fundamental para que o consumidor tome a decisão de compra, escolhendo um fabricante e não outro.

Quanto à prestação de serviços, os consumidores analisam, conforme Aaker (1998), cinco dimensões para determinar a qualidade percebida:

- **Tangibilidade:** as instalações físicas, os equipamentos e a aparência do pessoal que atende nesse consultório médico denotam qualidade?
- **Confiabilidade:** o serviço oferecido será executado corretamente?
- **Competência:** a equipe demonstra conhecimento sobre o assunto?
- **Atendimento:** o pessoal envolvido demonstra boa vontade e atenção para oferecer atendimento rápido e eficiente?
- **Empatia:** o banco oferece atendimento personalizado aos clientes?

Quando o consumidor confia em seu fornecedor e essa confiança se traduz em ativos tangíveis, como as instalações físicas, ou intangíveis, como a empatia, a qualidade passa a ser um aspecto que é atribuído a esse fornecedor e o consumidor tende a ser fiel a ele.

Associações de marca: decisões de posicionamento

De acordo com Aaker (1998, p. 114), "uma associação de marca é algo 'ligado' a uma imagem na memória". No caso do McDonald's, pode ser o símbolo da marca, o estilo de vida apressado, uma característica do produto (nesse exemplo, em especial, a batata frita do McDonald's parece despertar em muitos consumidores uma ligação entre produto e marca) ou a proximidade ao cinema frequentado pelo consumidor. Ao conjunto de associações com um significado e organizado para atingir públicos-alvo específicos dá-se o nome de *imagem de marca*.

O posicionamento de uma marca está diretamente relacionado aos conceitos de imagem e associação de marca. Uma marca bem posicionada tem vantagem competitiva em relação à concorrência e deve gerenciar seu posicionamento no caso de imitação da concorrência. Um exemplo disso é o posicionamento adotado por uma loja como "a única que entrega em domicílio".

A marca Havaianas reposicionou a marca a partir do desenvolvimento de novos produtos com apelo ecológico, além de um *design* mais moderno, atendendo à expectativa do público jovem.

As associações de marca estão relacionadas a vários fatores, como atributos do produto, benefícios aos clientes, preço, uso do produto ou serviço, perfil do consumidor, celebridade usada na campanha de comunicação, classe do produto, concorrentes, país ou região onde o consumidor se encontra.

Nome, símbolo e *slogan*

Aaker (1998) ensina que o nome é aquilo que indica a marca e é a base de todos os esforços de comunicação. O nome escolhido gera associações que descrevem a marca, o que ela é e o que faz. O mesmo autor afirma ainda que o nome forma a essência do conceito da marca.

O nome é importante demais para ser resolvido numa reunião entre algumas pessoas que são incumbidas de apresentar sugestões. Antes de listar as alternativas, é fundamental definir as associações que se quer estabelecer para a marca.

Algumas questões podem ser consideradas no momento de se criar um nome para a marca. Aaker (1998) sugere:

- nome diferente ou incomum o bastante para atrair a atenção ou despertar curiosidade;
- nome ao qual está associado algo interessante;

- nome que desperta um quadro ou imagem mental – lembre-se da Apple e do símbolo da maçã;
- significado, emoção, simplicidade.

Para Aaker (1998), o símbolo e o *slogan* podem se tornar ativos importantes e precisam ser cuidadosamente estudados para estarem fortemente vinculados ao nome.

O símbolo pode ser, de acordo com Aaker (1998), o elemento central do *brand equity*, a característica principal da marca. Um símbolo pode incluir formas geométricas (o símbolo da Mitsubishi); objetos (a concha da Shell); letras (o "M" em McDonald's); frutas (a maçã mordida da Apple), entre outros aspectos.

Há um limite para o que uma marca ou símbolo podem fazer. Assim, os profissionais de *marketing* se utilizam do *slogan* para estender a referência a um determinado produto ou serviço.

3.3
Marketing de negócios e *marketing* social

Marketing social, segundo Kotler (1998), não é algo tão novo assim quanto podemos imaginar. O que acontece é que só recentemente temos ouvido falar desse termo em função da discussão sobre o tema **responsabilidade social**. Ocorre também que esse termo é frequentemente mal utilizado.

Esclarecendo o conceito de *marketing* social, temos que se trata do uso de "técnicas do *marketing* tradicional para promover a adoção de comportamento que desenvolverá a saúde e o bem-estar de um público-alvo específico ou da sociedade".

Estudando Kotler (1998), comparamos os objetivos do *marketing* de negócios com os do *marketing* social e temos que:

- O *marketing* de negócios preenche necessidades e desejos identificados no público-alvo, enquanto o *marketing*

social tenta modificar atitudes e comportamentos de um público-alvo.
- O *marketing* de negócios tem como alvo principal a criação de valor para produtos e serviços, tendo como consequência o lucro, enquanto o *marketing* social serve aos interesses do público-alvo ou da sociedade sem pensar em lucro.
- O *marketing* de negócios leva ao mercado produtos e serviços por meio de veículos de comunicação, e o *marketing* social leva ao mercado novas ideias, hábitos etc.
- O *marketing* social também tem seu composto com base nas seguintes variáveis: produto, preço, praça, promoção, público, parceria, política e pagamento.

A seguir, explicaremos cada uma dessas variáveis do *marketing* social.

- **Produto**: trata-se da própria mudança de comportamento, hábito, atitude que o programa deseja que o público adote. Tomemos como exemplo o programa da *Avon*, por meio do Instituto Avon, conhecido no Brasil como *Um Beijo pela Vida*. O produto desse programa é a conscientização das mulheres para a importância do autoexame feminino para a detecção precoce do câncer de mama.
- **Preço**: refere-se àquilo de que o público-alvo tem de abrir mão para adotar o produto sugerido pelo programa em questão. No caso do autoexame, o preço é baixíssimo, já que leva dois minutos para ser feito. Já no caso de uma campanha antifumo, o preço é muito alto, pois o fumante enfrenta sérias dificuldades para deixar o hábito de fumar; tanto é verdade que tratamentos médicos são feitos e medicamentos são lançados no mercado para apoiar o fumante na mudança do hábito.
- **Praça**: diz respeito ao local em que serão desenvolvidas as atividades relativas ao programa, por exemplo, o programa do Instituto Avon, no qual são promovidas caminhadas com mulheres pelas ruas de cidades, eventos com *shows* de bandas,

além de ser utilizado o catálogo de produtos da empresa para divulgar a campanha.

- **Promoção**: a publicidade gerada por campanhas de natureza social representa uma grande aliada na divulgação de seu objetivo. Como vimos no item anterior, o catálogo de vendas de produtos pode ser utilizado e descontos especiais podem ser oferecidos para produtos determinados cuja venda tenha a renda revertida para o projeto.

- **Público**: essa dimensão diz respeito não somente ao público externo da empresa, mas também a seus próprios funcionários, que, envolvidos com o tema, auxiliam a divulgar a causa. De toda maneira, a definição prévia do público-alvo de um programa social é fundamental para que as ferramentas de *marketing* sejam empregadas adequadamente.

- **Parceria**: em virtude do contexto social em que se insere essa ferramenta de *marketing*, são frequentemente feitas parcerias de sucesso entre empresas, órgãos públicos e organizações não governamentais (ONGs).

- **Política**: a alteração da legislação pode facilitar o alcance do objetivo de uma campanha social. Uma campanha de combate ao fumo pode ser apoiada por políticas públicas que determinem a interdição de fumar em locais fechados.

- **Pagamento**: a fonte de recursos para o *marketing* social é diferente daquela utilizada para o *marketing* de negócios. Enquanto uma empresa determina o orçamento para lançar um produto ou serviço, o *marketing* social se utiliza da venda de camisetas, bonés, chaveiros, entre outros, para arrecadar fundos.

Os 8 Ps do *marketing* social podem, como vimos, oferecer às empresas diretrizes para balizar suas decisões quanto ao investimento na área social.

3.4
Marketing para causas sociais

Há uma diferença entre *marketing* social e *marketing* para causas sociais. Um não invalida o outro, mas os conceitos são diferentes. Enquanto o *marketing* social busca mudar hábitos por meio de novas ideias, o *marketing* para causas sociais é realizado por uma empresa para contribuir com um trabalho realizado por uma ONG que tem uma causa específica.

O conceito adotado para *marketing* para causas sociais é, segundo o *site* do Independent Sector (2010), "associação pública de uma empresa a uma organização sem fins lucrativos, com o objetivo de promover o produto ou serviço da empresa e, ao mesmo tempo, levantar fundos para a organização".

É o caso do McDia Feliz, promovido pelo McDonald's uma vez por ano, destinando-se a renda adquirida com a venda do Big Mac – exceto alguns impostos – para uma determinada instituição de combate ao câncer infantojuvenil na cidade.

3.5
Caso Hindustan Lever Limited na Índia: integração entre *marketing* de negócios e *marketing* social

A seguir, apresentaremos, de forma resumida, o caso descrito por Prahalad (2005) em seu livro *A riqueza na base da pirâmide: como erradicar a pobreza com o lucro*. Todas as informações mencionadas nesta seção foram extraídas da obra desse autor. Esse caso, conforme explica o autor, apresenta a estratégia adotada pela Hindustan Lever Limited (HLL), subsidiária da Unilever na Índia e maior produtora de sabão daquele país, para combater um problema de saúde pública (a diarreia) por meio da comercialização de um produto (o sabonete) e da mudança dos hábitos de higiene de uma população.

Um problema de saúde pública no âmbito privado

Segundo o Fundo das Nações Unidas para a Infância (Unicef), a cada 30 segundos, uma criança morre de diarreia no mundo. Isso faz com que essa doença seja a segunda maior causa de mortes de crianças entre 0 e 5 anos. Estudos realizados na Índia demonstram que 10% da população do país sofre de diarreia em algum momento do ano. As causas dessa doença estão relacionadas à falta de instalações adequadas de saneamento, situação que é uma realidade na Índia. A propagação da diarreia se dá pela água ingerida, pelos insetos, pelo contato com a sujeira e pelas mãos das pessoas.

Uma medida preventiva em relação a essa doença é a higienização das mãos, isto é, a lavagem das mãos com sabonete, o que reduziria significativamente a propagação da diarreia. Essa informação é fruto de uma pesquisa feita em 1988 pela Organização Mundial da Saúde (OMS), que, entre outros resultados, demonstrou que lavar as mãos com sabão ou sabonete reduz os casos de diarreia em 48%. No que diz respeito à população indiana, verifica-se que o hábito de lavar as mãos com sabonete ou sabão não faz parte da cultura indiana. Utilizam-se produtos substitutos, como barro, cinza ou lama.

Para poder avaliar de maneira mais adequada essa realidade, precisamos de algumas informações sobre a Índia. Trata-se de um país com 1,1 bilhão de habitantes, dos quais 61% são alfabetizados. A moeda local é a Rúpia e o salário mínimo médio mensal é de 60 rúpias por dia, o que corresponde a cerca de US$ 1,50 por dia; porém, 25% da população vive abaixo da linha de pobreza, ou seja, com menos de US$ 1,00 por dia.

Após essa breve exposição, podemos perceber que se faz necessária a mudança de hábitos de higiene por parte da população daquele país para se combater uma doença que, segundo as estatísticas, leva à morte 30% dos casos de diarreia no planeta. A questão é: Como efetivar a mudança desse hábito em um país com mais de 1 bilhão de pessoas, das quais apenas 61% são alfabetizadas, 22% possuem uma televisão e 42% possuem um rádio? Outro fator limitante é o fato de que existem na Índia 15 idiomas oficiais e 325 dialetos, o que dificulta ainda mais a comunicação.

Diante desse cenário, a HLL, maior produtora de sabão na Índia, encontrou uma conexão forte entre o seu produto e a prevenção de um problema de saúde pública. O foco crescente da HLL tem sido, nos últimos anos, a diferenciação de seus produtos, voltando-se para a saúde pública, o que levou seus funcionários a compreenderem mais a fundo as necessidades e os comportamentos dos consumidores. O resultado dessa avaliação, levando-se em conta a situação de saúde pública na Índia, foi estimular as pessoas a lavarem mais as mãos como prevenção à propagação da diarreia e, com isso, como forma de promover a diminuição do índice de mortalidade da população, especialmente das crianças. Dessa maneira, não somente uma questão social importante é considerada, mas também são impulsionadas as vendas dos produtos da empresa.

Diante disso, parcerias foram estabelecidas com o objetivo de, inicialmente, implantar um programa capaz de mudar efetivamente os hábitos da população indiana e, num segundo momento, estender esse programa para outros países, como Bangladesh, Paquistão, Sri Lanka, África do Sul e Indonésia. Alguns dos parceiros identificados para implementar esse programa foram o Banco Mundial, o Banco da Holanda, a Unicef, a United States Agency for International Development (Usaid) e a Gates Foundation. Os custos desse programa foram divididos da seguinte maneira: governo da Índia com 37%; governo de Kerala e Unicef com 29%; OMS com 4%; HLL e iniciativa privada com 15%. Esse programa teve início em 2002, com um custo inicial previsto de US$ 2 milhões por ano.

Estratégia de *marketing*

A HLL escolheu um de seus produtos de maior sucesso, o sabonete Lifebuoy, para ser utilizado nesse programa, uma vez que havia sido registrada uma queda de 15% a 20% por ano de participação desse produto no mercado (*market share*). O objetivo da equipe de *marketing* da empresa, com a utilização desse produto no programa, era recuperar a marca e reconquistar o mercado. Decidiu-se então associar o uso desse produto à eliminação dos problemas de saúde da família. Contudo, percebeu-se que, para prevenir a propagação da doença, seria necessário fazer um investimento em pesquisa para desenvolver uma nova fórmula. Considerando-se o primeiro "P" do composto de *marketing*, o **produto**, verifica-se que ele sofreu uma revisão para se adaptar a essa nova realidade. Uma nova fragrância foi desenvolvida, assim como o processo de fabricação foi modificado para que o produto durasse mais tempo. Para tangibilizar os atributos do produto, decidiu-se proporcionar mais espuma. Evidentemente, para que o produto fosse de fato preventivo à propagação da diarreia, adicionou-se à fórmula um agente bactericida, o triclosan.

Em termos de **preço** (o segundo "P" do composto de *marketing*), houve um aumento de 8,50 rúpias para 9,50 rúpias para uma barra de sabonete que diminuiu de tamanho: passou de 150 g para 125 g. Veja que o atributo "maior duração" adicionado em função da reformulação do produto é um argumento que justifica essa alteração de preço ao consumidor. Para o consumidor que não podia pagar esse preço, lançou-se no mercado um produto de 60 g ao preço de 4,50 rúpias.

Uma pesquisa na internet revela que muitas mulheres indianas integram uma força de vendas que leva o produto Lifebuoy ao consumidor e, com isso, elas conseguiram um aumento de renda para US$ 16,00 mensais. Se considerarmos o salário mínimo médio mensal, verificamos que as mulheres passaram a contribuir com quase 50% da renda da família com a venda desse produto. Com isso, a **praça** (o terceiro "P" do composto de *marketing*) fica identificada na estratégia.

A **promoção do produto** (o quarto "P" do composto de *marketing*) refere-se à maneira como o programa foi lançado na Índia. Um grupo de pessoas foi treinado com o objetivo de apresentar à população, de maneira simples e didática, a importância da adoção do hábito de lavar as mãos como prevenção à diarreia. Essa campanha foi lançada inicialmente no sul da Índia, no Estado de Kerala, escolhido por se tratar de uma região relativamente desenvolvida, com 100% da população, ou seja, 29 milhões de habitantes, alfabetizada.

Como reforço de comunicação, uma campanha foi lançada com o objetivo de reposicionar o produto no mercado. O foco da campanha era a "saúde para toda a família", vinculando o Lifebuoy à prevenção da diarreia e à infecção de olhos e de pele.

Resultados obtidos

Os resultados obtidos na comunidade de Kerala foram a mudança no hábito de lavar as mãos observada em 30% das crianças que participaram dos encontros realizados e a redução de 1,3 milhão de casos de diarreia em crianças de 0 a 5 anos.

Para a sociedade, no período de 2002 a 2008, segundo o relatório corporativo da Unilever, os resultados foram os seguintes:

- 120 milhões de pessoas envolvidas na Índia;
- 13 milhões de pessoas envolvidas em Bangladesh, no Paquistão, no Sri Lanka, na África do Sul e na Indonésia;
- 23 países atingidos pelo programa;
- 84% das crianças participantes mudaram seus hábitos;
- em 15 de outubro de 2008, foi lançado o *Global Handwashing Day* (Dia Mundial da Lavagem de Mãos) em 75 países.

Para o negócio da HLL, foram verificados os seguintes resultados:

- retomada das vendas na Índia para o produto Lifebuoy;
- reforço positivo da imagem da marca na Índia e nos países onde o projeto foi implementado;
- inclusão do caso em um livro de projeção mundial, o que leva a marca Lifebuoy e a marca Unilever para outros países onde o programa não foi implementado;
- intensificação da parceria com o governo dos países onde o programa foi implementado, bem como com outras organizações mundiais;
- forte presença nas comunidades de diversos países, intensificando a relação com o público-alvo;
- mídia espontânea.

Neste capítulo, você pôde entender que gerenciar o patrimônio da marca significa proporcionar valor para a empresa e para o consumidor. Esse valor é composto por diferentes atributos da marca e, sem dúvida, os resultados obtidos com o investimento consistente em responsabilidade social são um fator que contribui significativamente para a percepção positiva do consumidor. Observamos que, em termos de posicionamento de marca, algumas empresas já têm adotado o nicho da responsabilidade social como caminho para a sustentabilidade. O posicionamento do Banco Santander está vinculado à sustentabilidade como estratégia de gestão de negócio. O Banco Itaú Unibanco tem se posicionado em relação ao tratamento da diversidade. Destacam-se também o HSBC, que tem atuado por meio do Instituto HSBC de Solidariedade, e o Bradesco, que adota o *slogan* "Banco do planeta". Isso significa dizer que já se percebe claramente uma tentativa da iniciativa privada em se colocar no contexto do conceito de **socialmente responsável**.

Abordamos também o conceito de *marketing* social, que tem como objetivo a mudança de hábitos, a adoção de novas atitudes, e o de *marketing* para causas sociais, que vincula ações sociais e ambientais à venda de produtos ou serviços.

4
Ética empresarial

Já apresentamos conceitos fundamentais de responsabilidade social e sua inserção no ambiente estratégico organizacional e ampliamos as discussões sobre o tema com a abordagem da integração entre esses conceitos e o *marketing* corporativo. Agora vamos enfocar o tema da **ética no contexto empresarial**.

Examinaremos, neste capítulo, os conceitos relativos à ética e a evolução desta ao longo da história, assim como aspectos inerentes à ética empresarial e à sua inserção no processo de tomada de decisão no dia a dia das organizações.

Trataremos, ainda, sobre a discussão desse tema com o público interno da empresa. Apresentaremos uma metodologia para o estímulo ao debate sobre a ética pelos funcionários da organização, de maneira que eles conheçam as expectativas da empresa em torno da necessidade e da importância dessa atividade. Também a formação do comitê de ética nas organizações será abordada neste capítulo de maneira prática, com indicações de ações a serem conduzidas pelas empresas.

Como o tema da ética costuma ser estudado sempre de maneira muito teórica, não nos concentraremos em aprofundar a teoria, mas muito mais na aplicação prática dessa questão na estrutura organizacional por meio de orientações sobre como tratar o tema internamente e como formar e disseminar o código de ética.

4.1

Conceitos de ética e moral ao longo da história e a relação com a ética empresarial

A palavra *ética* tem origem no grego *ethos*, que significa "ambiente" ou "moradia" e, ainda, "caráter" ou "costumes". Esse conceito foi abordado primeiramente por Aristóteles em sua obra *Ética a Nicômaco*, escrita no século IV a.C. Nessa obra, Aristóteles se utiliza do termo *ethos* para falar a respeito da arte de desenvolver, aplicar e cultivar um ideal individual (ética) e coletivo (político) de felicidade (o bem) mediada pela justiça. O desenvolvimento e a aplicação de virtudes práticas são objetivos das pessoas, individualmente. Assim, indivíduos virtuosos são aqueles considerados como fundamentais para a construção de uma sociedade sólida e sadia. Seguindo-se esse raciocínio, a ética é indispensável para a política, termo que vem de *polis*, o qual designa a moradia do homem grego. A política é a arte de estimular a convivência possível dos indivíduos.

O pensamento contemporâneo sobre ética apresenta esse conceito de duas maneiras: uma reflexão sobre a qualidade da ação do homem conforme o bem e a justiça que produzem ou, ainda, o conjunto de normas morais, valores, princípios e preceitos legais utilizados por um grupo como referência de bem e de justiça.

Em qualquer dessas abordagens, encontramos três elementos: o homem, o bem e a justiça. A noção de **bem** (plenificação máxima de um indivíduo) inclui a noção de **justiça**, que traz em seu conceito o critério de distribuição de oportunidades de **bem** ou de realização do **homem**, ou seja, todo homem tem o direito à plenificação. A justiça constitui a garantia da utilização justa dos critérios de oportunidades para que o homem alcance a plenificação. Assim, para que qualquer ação do homem seja ética, ela deverá ser boa e justa.

Falando ainda da abordagem contemporânea da ética, temos os conceitos de **moral** e **valores**. Vamos discuti-los brevemente para podermos refletir sobre eles e trazê-los para o contexto da responsabilidade social corporativa.

A **moral** é o conjunto de costumes, de hábitos que um grupo adota como prática de vida. É esse grupo que caracteriza determinados costumes e hábitos como bons ou maus. Assim, a moral de um grupo pode ser diferente da moral de outro grupo. Observe que há uma grande diferença entre moral e justiça. A **justiça** determina os limites considerados razoáveis por um grupo e, por meio das leis, permite ou proíbe as ações das pessoas que integram esse grupo. Por esse motivo, as leis se diferenciam de um grupo para outro. Veja que nos Estados Unidos existem leis diferentes de estado para estado.

Conteúdos de ações admitidos como bons e justos formam os **valores**, frutos da relação entre um homem e um objeto. Os valores oferecem direcionadores para as escolhas que as pessoas fazem na busca da realização de seus objetivos individuais. Observe os valores das organizações, veja quais são os valores que sua empresa adota e lembre-se de que, como afirmamos anteriormente, os valores oferecem para uma empresa o direcionador que ela deve considerar na busca pela própria visão.

Podemos concluir que, para se colocar em prática a **ética**, é preciso tomar como base a **moral** e a **lei**. Destas emanam as orientações práticas sobre as direções que a empresa pode e deve tomar na busca pelo **bem** e pela **justiça**. Um código de ética é, portanto, um conjunto de normas e padrões, que, no entendimento da empresa, expressam as obrigações de seus membros na busca pelo bem comum. O desrespeito às normas estabelecidas pelo código de ética pode, portanto, ser punido (como o faria a Justiça) com o afastamento do membro daquele grupo. Para que a construção do código seja feita de maneira justa, contemplando as necessidades da organização, e de maneira legítima, ou seja, considerada como válida pelos funcionários, é fundamental que eles discutam o tema e participem do processo de formação do código.

O envolvimento dos funcionários na discussão da ética e sua participação na construção do código são questões que fazem com que uma empresa seja legitimada (lembre-se do que disse Drucker, 2002), além de ser uma empresa legal (constituída de acordo com as leis vigentes naquele grupo). É sobre esse assunto que trataremos no tópico seguinte.

4.2
A discussão sobre o código de ética nas empresas

Como vimos anteriormente, moral é um conceito relacionado a um determinado grupo de pessoas. Quando avaliamos o contexto empresarial, percebemos que os funcionários são provenientes de diferentes grupos (familiares, geográficos, culturais etc.) e, portanto, trazem consigo percepções diferenciadas daquilo que é moralmente aceito pelo grupo a que pertencem. Ao considerarmos que a **moral** está na base da **ética**, entendemos que é preciso então alinhar entre os funcionários aquilo que, para o "grupo empresa", é considerado como aceitável e aquilo que é considerado como merecedor de punição.

Muitos podem pensar que é suficiente apenas informar as pessoas sobre aquilo que é aceitável ou não pela empresa. Contudo, a prática revela que é muito importante os funcionários demonstrarem a internalização dos conceitos que são fundamentais para a empresa onde trabalham. Somente assim é possível conduzir de maneira legítima a cobrança de procedimentos de acordo com as normas estabelecidas pelo código de ética da organização.

Com certeza, é muito mais trabalhoso e dispendioso (até mesmo em termos de orçamento e horas produtivas) o processo de internalização de conceitos, mas, com certeza, os resultados são muito mais consistentes e perenes para a organização. Se considerarmos que a responsabilidade social é a relação ética e transparente entre a empresa e seus diferentes públicos, perceberemos que a prática socialmente responsável nos leva a fazer muito mais do que simplesmente imprimir um código de ética e distribuí-lo para os funcionários na saída do refeitório ou ao final do expediente.

Vamos então conhecer um pouco da prática dessa atividade que leva à internalização de conceitos relativos à ética empresarial.

Inicialmente, é importante que os dirigentes da empresa saibam exatamente quais são os valores que serão considerados como fundamentais, como base para que a organização atinja a própria visão de maneira consistente, ética e transparente. Isso implica dizer que os dirigentes precisam concordar genuinamente que não buscarão atingir a visão da organização contradizendo os valores que foram estabelecidos para ela.

A missão e a visão da organização devem estar muito claras para a alta direção e, a exemplo dos valores, devem ser amplamente difundidas, compreendidas e praticadas pelos funcionários.

As questões éticas precisam ser discutidas internamente, devendo-se esclarecer para todos que, apesar de serem provenientes de diferentes grupos culturais, a empresa (como grupo) necessita ter um conjunto próprio de normas que orientem os procedimentos internos. Daí a necessidade de se criar um código de ética.

Como mencionamos, os funcionários de uma empresa são provenientes de diferentes grupos e, em muitos casos, de diferentes culturas, incluindo as estrangeiras. A sugestão que deixamos para se alinharem as percepções engloba ações como as descritas a seguir.

1. Realização de *workshops* abertos pela alta direção da empresa e conduzidos pela área que coordena as ações voltadas para a sustentabilidade da organização. Nesses eventos, devem ser tratados, de maneira expositiva e participativa, os seguintes temas:

    - conceitos fundamentais de sustentabilidade e responsabilidade social;
    - valores individuais e valores da organização;
    - missão e visão: importância, conceito e os textos relativos à organização;

- papel de cada um dos funcionários para se atingir a visão, considerando-se a missão da empresa e os valores sobre os quais se fundamenta;
- ética: conceito, importância para o sucesso genuíno da organização e para sua relação saudável com a sociedade;
- divisão dos participantes em grupos para que, de maneira participativa, definam aquilo que para eles constitui valor, moral e ética;
- apresentação dos grupos para que os conceitos sejam compartilhados.

2. Produção de material de comunicação para divulgar internamente os resultados dos *workshops*. A publicação de matérias no jornal interno produz um efeito interessante, que gera comprometimento dos participantes, os quais se sentem valorizados por terem participado das discussões. Além disso, fôlderes com os resultados das discussões podem ser criados e distribuídos internamente. Essa ação gera uma expectativa para a etapa seguinte, que é a de criação do código de ética.
3. Avaliação dos *workshops* realizados pela alta direção da empresa e definição dos próximos passos para a criação e disseminação do código de ética.

4.3
A elaboração do código de ética

Com base na discussão interna sobre o tema da ética, é possível determinar como será a condução do processo de elaboração do código e quais pessoas serão envolvidas na produção do documento. A sugestão que apresentamos é que se efetue esse trabalho em diferentes etapas.

- **Etapa 1: Pesquisa e discussão sobre códigos de ética de outras empresas**

    Algumas etapas, como as descritas a seguir, são interessantes quando se trata da pesquisa prévia sobre o material já existente no mercado e que pode servir como base para a preparação de um código de ética da organização.

1. *Benchmarking* é uma metodologia muito interessante que pode ser usada a qualquer tempo, respeitando-se evidentemente a ética envolvida no contato com outras empresas. Pode-se entrar em contato com organizações que já tenham implantado um código de ética e conhecer de perto o processo. O objetivo é aprender e fazer uma adaptação para a realidade da própria empresa. Como contrapartida, a empresa visitada vai solicitar em algum momento um *benchmarking* sobre algum processo que a organização tenha ou esteja implementando. Concordar com essa contrapartida é decisivo para que seja possível fazer a visita.
2. Após as visitas a outras empresas, sugerimos avaliar o material obtido, reunir as pessoas para uma discussão prévia e verificar o que pode ser aproveitado do que foi aprendido.
3. Recomendamos que essa etapa seja validada com a alta direção da organização antes de prosseguir com os trabalhos.

- **Etapa 2: Redação do código de ética**

Sugerimos aqui que o código de ética seja um documento composto pelos funcionários, respeitando-se, evidentemente, as diretrizes básicas da organização, definidas por sua missão, visão e valores, e com o apoio e a validação da alta direção. Apresentamos a seguir alguns passos que podem ser observados na produção desse material.

1. Uma vez definidas as orientações básicas para o código de ética, é importante reunir o grande grupo e dividi-lo em grupos menores, que farão a redação de diferentes tópicos do código.
2. Os diferentes tópicos podem ser sugeridos pela comissão conforme o aprendizado obtido com o *benchmarking*, mas uma sugestão para a apresentação do código de ética é:
    - Palavras do presidente da organização.
    - Compromisso de conduta da (nome da empresa):
        - com o público interno;

- com os fornecedores;
- com os clientes;
- com o meio ambiente;
- com o governo;
- com a sociedade;
- com a comunidade;
- com os acionistas.
- Canal de comunicação.

  É fundamental que as pessoas possam se comunicar com a empresa, apresentando seu desconforto em relação a questões internas que envolvam a ética. É importante que fique claro para todos que a identificação da pessoa que está fazendo uma possível "denúncia" ou eventuais observações não abrirá espaço para que haja qualquer tipo de retaliação, além de permitir que o comitê de ética retorne com um posicionamento para a própria pessoa.

- Protocolo de recebimento desse código de ética.

  Deve ser assinado pelas partes que receberem o documento e arquivado pela empresa.

É importante enfatizar que o documento precisa ser revisto cuidadosamente pela área de comunicação da empresa, que o colocará nos padrões internos em termos de logotipia, cores, formato etc. Vale também discutir a utilização ou não de papel reciclado para impressão do documento, lembrando sempre que já existe no mercado papel branco proveniente de fontes recicláveis que trazem até mesmo o selo da Forest Stewardship Council (FSC). A FSC é uma organização não governamental (ONG) que certifica a utilização de madeira que tenha tido um manejo condizente com o respeito ao meio ambiente.

Em empresas que tenham subsidiárias, fornecedores, clientes e funcionários em outros países, recomendamos fortemente traduzir o código para o idioma local, a fim de garantir o pleno entendimento do conteúdo. Nesse sentido, sugerimos ainda entregar o documento para tradução de uma pessoa nativa, o que garante 100% de adequação do conteúdo ao idioma local. Quantos casos você conhece de traduções feitas no Brasil que causam dificuldades de entendimento e até problemas quando chegam ao exterior?

- **Etapa 3: Disseminação do código de ética**

    Conforme apontamos anteriormente, não basta apenas imprimir e entregar o código aos funcionários e, ainda, enviá-lo pelo correio aos demais *stakeholders*.

    Esse documento é de tal importância para a empresa que merece um evento para seu lançamento e apresentação de seu conteúdo, aberto inclusive para observações dos participantes. A sugestão é que se organizem eventos pequenos com os funcionários, com o objetivo de atingir 100% de todo o quadro de pessoal da organização, que, aliás, deve poder assinar no próprio evento o protocolo de recebimento do material.

    Quanto aos fornecedores, a sugestão é aproveitar o encontro realizado anualmente ou então promover um evento com a finalidade de disseminar o conteúdo do código de ética. A ideia aqui é, de fato, repassar todo o texto do documento para deixar claros para todos o conteúdo e a expressa intenção da empresa ao divulgá-lo.

4.4

A formação do comitê de ética nas empresas

Além da redação e da divulgação do código de ética, é importante que a empresa tenha um comitê de ética formado por pessoas reconhecidamente merecedoras de credibilidade interna e externamente. O objetivo da formação desse comitê é discutir e analisar "denúncias" que possam vir a ser feitas ou ainda observações a respeito de questões que as pessoas julgarem passíveis de avaliação ética.

Devem ser de conhecimento público (interna e externamente) os nomes das pessoas que compõem esse comitê de ética. Além disso, é fundamental um treinamento prévio para essas pessoas, para que possam compreender o próprio papel nesse processo.

5

Casos práticos de responsabilidade social corporativa

Nos capítulos precedentes, vimos conceitos envolvidos na abordagem do tema **responsabilidade social corporativa**, além de exemplos de casos relacionados no Brasil e em outros países. Discutimos também o tema da ética inserida no contexto empresarial.

Agora, vamos discutir alguns exemplos de empresas localizadas em diferentes regiões brasileiras que realizaram projetos voltados para o tema da responsabilidade social corporativa no contexto do planejamento estratégico organizacional.

Os temas escolhidos para serem apresentados neste capítulo e que serviram como base para a seleção dos exemplos são:

- inclusão digital;
- programa de voluntariado;
- promoção da empregabilidade na comunidade do entorno;
- educação ambiental.

Para este capítulo, foram selecionados exemplos de projetos implementados pelo Laboratório Fleury (2010) e pela empresa Canasvieiras Transportes Ltda. (2010). É importante salientarmos que aqui não temos a pretensão de esgotar informações relativas a essas empresas, seu trabalho, projetos implementados nas áreas social e ambiental, resultados atingidos e sua abrangência.

Ao longo da leitura deste capítulo, observe alguns pontos importantes que determinam o sucesso da implantação de projetos dessa natureza. São eles:

- comprometimento da alta direção;
- envolvimento dos *stakeholders*;

- diagnóstico prévio;
- planejamento e monitoramento;
- capacitação e implementação de projetos-piloto.

O objetivo da apresentação desses casos é oferecer a você subsídios para que possa refletir sobre os diferentes temas que podem ser tratados em um projeto dessa natureza, as diferentes formas de colocação em prática desses projetos e os resultados que podem trazer para a comunidade, para a sociedade e para o próprio negócio.

Ao final do capítulo, vamos também abordar o **ecoempreendedorismo**, tema que tem sido evidenciado por pesquisadores e pelo mercado e que faz parte do contexto de **empreendedorismo e responsabilidade social**.

5.1
Inclusão digital, voluntariado e promoção da empregabilidade na comunidade do entorno

Fundado em 1926, o Laboratório Fleury oferece soluções nas áreas terapêutica, de prevenção da saúde e de diagnóstico. Disponibiliza ao público mais de 2 mil tipos diferentes de exames e realiza uma média anual de 6 milhões de exames. Tem em seu quadro mais de 2 mil funcionários e 300 médicos, que atendem em 18 unidades, localizadas em São Paulo (capital e interior), Rio de Janeiro e Brasília. Dispõe ainda de atendimento por meio de unidades móveis.

A empresa já desenvolvia ações na área social, mas desejava aprimorar o trabalho que vinha sendo feito, além de canalizar os recursos empregados em projetos que pudessem ter seus resultados monitorados e mensurados.

Avaliando-se internamente essa questão, chegou-se a alguns caminhos que poderiam ser adotados para atender ao objetivo proposto.

Inicialmente, optou-se pela criação de um comitê interno para definir e planejar ações voltadas para a área social que envolvessem a comunidade do entorno e considerassem a importância do planejamento e monitoramento dos projetos.

Foi definida a realização de um diagnóstico inicial que pudesse oferecer uma visão mais abrangente de como liderar esses projetos. Decidiu-se então conhecer melhor as ações já desenvolvidas pelos funcionários, suas expectativas de atuação e disponibilidade em face da inserção de um programa de voluntariado na empresa.

Com isso, a empresa buscou encontrar ações que, ao mesmo tempo, estivessem relacionadas ao seu negócio e tivessem um vínculo com o trabalho social já desenvolvido pelos funcionários. Dessa maneira, o vínculo dos funcionários com o projeto seria mais intenso e garantiria o sucesso de sua implementação.

Uma vez feito o diagnóstico, verificou-se, analisando-se os resultados, que os funcionários já realizavam ações voluntárias e tinham interesse em participar de ações organizadas pela empresa nas áreas de saúde e de educação.

A questão que se colocava então era em qual ou em quais comunidades implementar os projetos. Além disso, constatou-se a importância da associação com outras instituições que já atendiam às comunidades. Optou-se pelo atendimento à comunidade do Jabaquara, por estar geograficamente próxima à sede da empresa e por ser a localidade onde se encontra o maior número de funcionários.

Por indicação da Secretaria do Bem-Estar Social do município de São Paulo, a região do Jabaquara foi mapeada para se identificarem possíveis parceiros na execução dos projetos.

A instituição parceira escolhida foi o Centro Assistencial Cruz de Malta, selecionado por estar inserido na comunidade há mais de 30 anos e ter uma administração transparente e com valores éticos semelhantes aos adotados pelo Laboratório Fleury.

Antes de iniciar esse projeto, percebeu-se que seria interessante implantar um projeto-piloto que pudesse oferecer mais subsídios para compor as premissas básicas do projeto da empresa. Outro objetivo desse projeto-piloto foi experimentar a possível parceria com o Centro Assistencial Cruz de Malta e a real motivação dos voluntários da empresa. Definiu-se que esse projeto-piloto seria a participação na campanha Saúde da Mulher.

Essa participação foi feita por meio da atuação de 60 voluntários, devidamente capacitados, que atenderam a 800 mulheres nos postos de atendimento do Laboratório Fleury. A avaliação desse projeto-piloto foi positiva e a parceria com o Centro Assistencial Cruz de Malta para o desenvolvimento de projetos na área de saúde e de educação foi firmada.

A partir de então, o comitê formado para gerenciar esses projetos definiu os primeiros passos e, em 2001, o Projeto GestAção foi implementado, atendendo às mulheres grávidas da comunidade do Jabaquara. Esse projeto se compõe de acompanhamento da gestação, incluindo atendimento clínico, diagnóstico laboratorial e programas educacionais. Além disso, são oferecidas consultas e palestras educacionais sobre temas como saúde da gestante, nutrição, aleitamento materno, vacinação e educação infantil.

No ano seguinte, em 2002, foi lançado o Projeto CapacitAção, com um módulo de informática. Trata-se de um projeto de inclusão digital para moradores da comunidade do Jabaquara e realizado nas dependências do centro de educação do Laboratório Fleury.

Análise do projeto

Uma análise do GestAção e do CapacitAção nos leva a rever conceitos que discutimos anteriormente. Vamos enumerá-los a seguir, comentando um a um.

1º Diagnóstico inicial: projetos consistentes "não caem do céu" e "não brotam do chão"! Eles nascem porque se verificou uma necessidade existente, uma lacuna em algum assunto de ordem pessoal (como a necessidade de formação para acessar o mercado de trabalho) ou de ordem pública (como a falta de saneamento básico, propiciando o aparecimento de doenças).

2º Envolvimento legítimo dos funcionários: em vez de se propor para os funcionários uma iniciativa da empresa, procurou-se preferencialmente verificar aquilo com que os funcionários já demonstravam ter afinidade e avaliar temas que também apresentam afinidade com o negócio da empresa.

3º Definição do local onde seria implantado o projeto: consideraram-se não somente as necessidades da comunidade, mas também a proximidade à sede da empresa, o que facilita o deslocamento dos funcionários voluntários, assim como reforça a relação da empresa com a comunidade do entorno.

4º Envolvimento do Poder Público: também esse *stakeholder* (além do funcionário e do acionista) foi envolvido no projeto, o que abre mais um canal de comunicação da organização com o órgão público local relacionado ao negócio da empresa. Observe que o objetivo da instituição não é concorrer com o trabalho já realizado pela Secretaria do Bem-Estar Social do município de São Paulo, mas trabalhar em conjunto, complementando o atendimento e maximizando resultados.

5º Parcerias estratégicas: quanto a esse tópico, sugerimos que você se reporte também ao artigo "Os dez mandamentos da responsabilidade social" (2010), de Stephen Kanitz, em que ele reforça a importância do envolvimento de ONGs, que são as organizações mais próximas à comunidade e que de fato compreendem as necessidades dos moradores daquela comunidade. Observe que a escolha desse parceiro não foi aleatória, mas baseada em premissas que consideram o tempo em que atua na comunidade escolhida (Jabaquara), além do fato de apresentar valores e comportamento ético que o recomendam.

6º Projeto-piloto: note que essa etapa foi importante para fazer algumas avaliações prévias fundamentais para a implementação dos projetos desenvolvidos pelo Laboratório Fleury. Veja o quanto é necessária uma avaliação pós projeto-piloto antes da tomada de decisão.

7º **Definição de projetos**: os temas abordados nos projetos estão relacionados diretamente com o negócio do Laboratório Fleury (no caso direto do GestAção e, indiretamente, no caso do CapacitAção).

8º **Resultados obtidos**: o monitoramento dos resultados é imprescindível para se avaliar e corrigir o andamento do projeto, mas também para formar uma comunicação consistente para o mercado.

5.2
Educação ambiental

A Canasvieiras Transportes Ltda. foi fundada em 1927. Atua, portanto, há mais de 80 anos na área de transporte coletivo urbano em Florianópolis, Santa Catarina. Conta atualmente com 140 veículos (micro-ônibus e ônibus convencionais), que fazem os itinerários por todo o norte da ilha de Florianópolis em horários regulares. Em seu quadro, conta com 650 funcionários.

Vamos inicialmente analisar as razões que levaram a empresa a refletir a respeito da implementação de novos projetos relacionados à responsabilidade social. A Canasvieiras já desenvolvia o Projeto Recicanas, relacionado à reciclagem de lixo e adaptado às características culturais da comunidade do entorno, decorrentes da tradição da pesca familiar e do convívio com a natureza. Além disso, a empresa também oferecia ao funcionários formação referente aos diferentes tipos de resíduos e sua destinação adequada.

A fim de que possamos compreender melhor o contexto descrito aqui, é importante observar que o Projeto Recicanas tem como objetivo a promoção da conscientização em relação à importância da preservação do meio ambiente. Para que isso ocorra, a empresa também promove há algum tempo atividades socioeducativas inovadoras baseadas na participação, na criatividade e na continuidade das ações.

Para incrementar as ações que já vinham sendo desenvolvidas, a empresa optou pela formação do Grupo de Educação Ambiental para a criação de estratégias de multiplicação de informações.

Considerando a natureza do próprio negócio e das ações já em realização, esse grupo propôs oferecer aos funcionários orientações mais aprofundadas sobre a correta separação do lixo, além de promover palestras para eles sobre educação ambiental.

Com objetivo de tornar possíveis essas ações, optou-se por um reforço de comunicação interna e externa. No jornal informativo e no *site* da empresa, foram incluídas mensagens sobre o uso racional dos recursos, da mesma maneira que nos jornais de circulação municipal e em *busdoor*.

Foram promovidas também as seguintes ações:

- 1º Encontro Comunitário para analisar e discutir a malha viária e os processos de degradação ambiental no norte da ilha de Florianópolis.
- Visitas a bairros, durante as quais foram discutidas questões relevantes para as condições viárias da região e o processo de degradação ambiental.
- Campanha de Educação Ambiental: distribuição de panfletos com informações e mensagens de preservação ambiental.
- Concurso de Objetos de Sucata, com a exposição dos trabalhos em uma escola municipal da praia de Canasvieiras.
- Ciclo de palestras sobre meio ambiente.
- Árvore de natal construída pelos funcionários com materiais recicláveis.
- Curso de Direção Econômica para os motoristas, a fim de otimizar o consumo de óleo diesel.
- Caminhadas ecológicas com a proposta de recolher lixo ao longo do percurso.
- Dia do Vidro, no qual os funcionários são incentivados a doar vidros, que são recolhidos mensalmente pela empresa e encaminhados ao Grupo de Apoio à Prevenção à Aids[1] (Gapa). Com a revenda dos vidros para reciclagem, o Gapa recolhe recursos para o atendimento aos portadores de Aids e o desenvolvimento de ações de conscientização para a prevenção de doenças sexualmente transmissíveis (DSTs).

---

1 Aids (em inglês, *Acquired Immune Deficiency Syndrome*) ou Sida (em português, "Síndrome da Imunodeficiência Adquirida").

Além dessas ações, também o voluntariado interno foi estimulado, já que os funcionários da empresa formam voluntariamente o Grupo de Educação Ambiental, o qual coordena as atividades voltadas à educação ambiental na organização.

Os resultados obtidos com essas ações podem ser resumidos da seguinte forma:

- reforço de imagem da empresa, interna e externamente;
- comprometimento dos funcionários;
- participação dos funcionários e da comunidade nos eventos, reforçando a conscientização ambiental;
- quantidade de material doado para as instituições beneficiadas.

Análise do projeto

Na sequência, apresentamos alguns aspectos que merecem ser avaliados em relação ao projeto elaborado e implementado em Florianópolis.

1. **Motivos para implementar novos projetos:** observe que a empresa já tinha histórico na área de implementação de projetos, uma vez que tratava o lixo produzido, além de considerar características locais que envolvem a tradição da pesca e o convívio com a natureza. Chamamos a atenção para o vínculo que essa empresa tem com a natureza, por meio do seu negócio.
2. **Formação de um grupo interno:** veja que, a exemplo do que vimos anteriormente, essa empresa também optou pela formação de um grupo interno que fosse capaz de conduzir a implementação dos projetos.
3. **Ações escolhidas para serem implementadas:** note que todas as ações envolvem diferentes *stakeholders* e estão alinhadas com o propósito inicial do grupo, assim como com o negócio da empresa. Preste atenção à criatividade para a escolha das ações e veja como o público interno e suas famílias são fortemente envolvidos.

4. **Apoio de comunicação:** meios de comunicação foram utilizados dentro e fora da empresa para tornar conhecidos e os objetivos e as ações da empresa e convidar o público-alvo.
5. **Voluntariado empresarial:** os funcionários fazem parte do grupo que coordena as atividades e são mais que participantes do processo, eles propõem e coordenam os projetos.
6. **Resultados:** são percebidos pela empresa e pela comunidade e estão muito vinculados à imagem da marca e à sua relação com funcionários e comunidade.

5.3 Ecoempreendedorismo

O ecoempreendedorismo, termo que tem sido utilizado com frequência pelos meios de comunicação, será abordado neste livro de maneira breve, para esclarecer alguns pontos importantes sobre o tema e contribuir para a reflexão sobre responsabilidade social.

Inicialmente, é importante lembrar que, apesar de o prefixo *eco* estar presente, isso não significa que o termo se refira somente ao meio ambiente, até mesmo porque o homem faz parte do meio ambiente. Isso significa dizer que, quando nos referimos ao empreendedorismo associado à ecologia, como é sugerido pela presença desse prefixo, estamos nos voltando para o ambiental e para o social.

A definição de Miranda (2006) para **ecoempreendedorismo** e que gostaríamos que você retivesse é: "Transformar, inovar, atendendo aos princípios básicos do socialmente justo, ambientalmente correto e economicamente viável".

Tanto a reutilização quanto a inovação, conforme os princípios do ecoempreendedorismo, devem atender aos princípios básicos daquilo que é justo para as pessoas, correto em termos ambientais e possível de ser implantado, em termos econômicos. Nesse sentido, vemos aqui claramente o conceito de sustentabilidade, ou seja, o resultado do equilíbrio entre as dimensões econômica, social e ambiental.

Um exemplo que se encaixa nessa conceituação é o microfone ecológico criado por um empreendedor. Ele utiliza resíduos de madeira de lei da Amazônia para fabricar esse produto e com qualidade aprovada pelo Instituto Nacional de Pesquisas da Amazônia (Inpa).

Devemos observar que implementação de projetos de responsabilidade social não depende do porte da empresa, mas de envolvimento dos *stakeholders*, comprometimento genuíno da alta direção, planejamento e monitoramento.

A formação de parcerias estratégicas é fundamental para o sucesso do projeto, cuja implementação, assim, não requer necessariamente o destino de orçamento para essa finalidade específica.

É importante ressaltarmos que o voluntariado empresarial traz resultados positivos, o que efetivamente acontece quando os funcionários são envolvidos e suas expectativas são consideradas no projeto.

Ecoempreendedorismo é um conceito relacionado ao reaproveitamento de materiais, mas, principalmente, ao pensamento social e ambientalmente responsável.

6

Direcionadores para a implementação da responsabilidade social empresarial

Nos capítulos anteriores, abordamos conceitos fundamentais sobre o tema *ética e responsabilidade social*. Também discutimos casos práticos de projetos implementados com exemplos de diferentes setores da economia.

Agora, vamos tratar do tema relacionado à implementação do processo de responsabilidade social e ferramentas de monitoramento. Já nos referimos a esse assunto, mas neste capítulo vamos aprofundar esse conteúdo, vendo o passo a passo no envolvimento do público interno e da alta direção.

6.1

Diagnóstico: envolvimento do público interno

Como dissemos anteriormente, o primeiro passo para a implementação de um projeto de responsabilidade social é a realização de um diagnóstico para compreender melhor a gestão da empresa e suas perspectivas e poder traçar um plano de ação que esteja vinculado à razão de ser da empresa, sua missão, visão e valores.

Sugerimos que, nessa etapa, sejam utilizados os Indicadores Ethos de Responsabilidade Social Empresarial (Instituto Ethos, 2010b). Trata-se de uma ferramenta de uso interno e que permite a avaliação da gestão no que diz respeito à incorporação de práticas de responsabilidade social, além do planejamento de estratégias e do monitoramento do desempenho geral da empresa.

Os Indicadores Ethos de Responsabilidade Social Enpresarial abrangem oito temas:

- valores;
- transparência e governança;
- público interno;
- meio ambiente;
- fornecedores;
- consumidores e clientes;
- comunidade;
- governo/sociedade.

A seguir, apresentamos um conjunto de etapas, recomendadas pelo próprio Instituto Ethos, para a aplicação desses indicadores. Adicionamos apenas um pouco da prática dessa aplicação e algumas sugestões para que o público interno se sinta de fato integrado ao processo, já que é fundamental a participação de todos para legitimar o processo de responsabilidade social na empresa. Os dez passos comentados na sequência devem ser seguidos para que o diagnóstico seja feito da melhor maneira, obtendo-se os resultados mais positivos.

- **1º passo**: definir qual versão é a mais adequada para a empresa.

   Há três versões dos Indicadores Ethos (2010) para aplicação:

   1. grandes empresas;
   2. micro e pequenas empresas;
   3. setoriais.

   - **Versão 1**: Grandes empresas
     Para cada um dos oito temas, há subtemas e indicadores a serem avaliados, por exemplo:
     Tema: público interno.
     Subtema: respeito ao indivíduo.
     Indicador: compromisso com o desenvolvimento infantil.
     Para cada indicador, há três tipos diferentes de avaliação: indicadores de profundidade, binários e quantitativos.
     - **Indicadores de profundidade** permitem avaliar o estágio em que a empresa se encontra.

- **Indicadores binários** são os que apresentam apenas duas possibilidades de resposta: "sim" ou "não". Por exemplo: a empresa oferece aos trabalhadores terceirizados os mesmos benefícios concedidos a seus empregados registrados?
- **Indicadores quantitativos** são levantados pelas áreas afins. Por exemplo: percentual de filhos de funcionários matriculados em creche, nos três últimos anos.

- **Versão 2**: indicadores Ethos-Sebrae para micro e pequenas empresas.

Cada um dos oito temas é dividido em 36 indicadores, e cada indicador tem uma pergunta-chave. Por exemplo: a empresa oferece benefícios adicionais aos empregados e seus dependentes? A resposta pode ser:
- não;
- em parte;
- em grande parte;
- sim;
- não vemos aplicação em nossa empresa.

Existem também as perguntas binárias, cuja resposta é "sim" ou "não". Por exemplo: a empresa oferece aos empregados cesta básica?

Para as perguntas quantitativas, a resposta é um número que será indicado pela área competente. Por exemplo: percentual de mulheres em relação ao total de funcionários, nos três últimos anos.

- **Versão 3**: indicadores setoriais

Foram criados para atender especificamente a alguns setores da economia, conforme suas expectativas específicas. Os setores considerados são:
- franquias;
- jornais;
- financeiro;
- mineração;
- papel e celulose;
- construção;

- transporte;
- petróleo e gás;
- panificação;
- restaurante e bar;
- varejo.

- **2º passo**: definir as pessoas que participarão do preenchimento dos Indicadores Ethos.

  É necessário que sejam consideradas algumas premissas básicas e deve haver ao menos um representante de cada área, assim como pessoas de diferentes níveis hierárquicos, para garantir a maior abrangência possível de percepções.

- **3º passo**: preparar para cada um dos participantes um caderno com todas as questões.

  Nessa etapa, não economize! Somos tentados a separar o caderno entre os indicadores e entregá-lo em partes para o grupo. Isso compromete o resultado do trabalho, pois oferece aos participantes uma percepção parcial, o que não gera comprometimento.

- **4º passo**: solicitar previamente o preenchimento dos indicadores quantitativos pelas áreas competentes.

  Faça uma reunião prévia com as áreas envolvidas e explique a importância do preenchimento.

- **5º passo**: reunir em uma sala, durante um dia inteiro, todas as pessoas convidadas, dividindo-as em sete grupos de trabalho. Entregue os cadernos para cada um dos participantes, deixe que eles olhem e se envolvam com o material. Faça uma apresentação inicial sobre conceitos ligados à responsabilidade social, a importância do preenchimento dos indicadores e os próximos passos. Depois, talvez por sorteio, defina qual indicador cada um dos grupos irá preencher.

- **6º passo**: apresentar e analisar as respostas dos grupos.

  Após o preenchimento, cada grupo apresenta uma a uma as perguntas e as respostas. O restante do grupo se manifesta concordando ou discordando da resposta. O mediador dos trabalhos vai anotar a resposta que for consensual num caderno que será a compilação da autoavaliação. Nesse momento, pode haver conflitos e eles são benéficos, pois suscitam questionamentos e proporcionam a realização de um plano de ação.

- **7º passo**: formatar o plano de ação.
  À medida que a discussão segue, o mediador deve questionar os presentes sobre a necessidade de se implementar um plano de ação para modificar o *status* daquele indicador.
  Ao final do dia, o grupo terá um plano de ação definido, com atividades, responsáveis e prazos.

- **8º passo**: analisar o plano de ação.
  A área coordenadora dos trabalhos deve fazer uma análise do plano de ação e definir quais ações são prioritárias em função do foco estratégico da organização.

- **9º passo**: validar o plano de ação com a alta direção.
  Após o trabalho realizado, prepare uma apresentação concisa com os indicadores, subindicadores, percepções e plano de ação gerado. Conquiste o comprometimento da alta direção para a implementação do plano de ação de acordo com um planejamento prévio, ao longo do tempo. Nem tudo pode e deve ser feito imediatamente.

- **10º passo**: validar o plano com o grupo que realizou o diagnóstico.
  Deve-se reunir novamente o grupo para comunicar o resultado da validação com a alta direção e definir os responsáveis pela implementação das ações.

Indicações culturais

Evento

McDia Feliz, promovido pelo McDonald's.

Todo ano, em agosto, é realizada a campanha do McDonald's intitulada *McDia Feliz*. Vá até uma das lanchonetes dessa rede de *fast-food* e veja a movimentação proposta pela franquia McDonald's em sua cidade ou em cidades vizinhas à sua. Acompanhe a publicidade (mídia espontânea) que esse evento recebe dos veículos de comunicação, tanto na mídia impressa (jornais e revistas) como na TV e no rádio. Vá até uma franquia dessa marca e observe se o movimento aumentou em relação a outros dias. Faça uma reflexão sobre os benefícios que uma ação como essa traz para a comunidade, para a sociedade e para o negócio.

Livro

ASHLEY, P. A. (Coord.). **Ética e responsabilidade social nos negócios**. 2. ed. São Paulo: Saraiva, 2005.

Esse livro traz de maneira precisa uma orientação para as pesquisas acadêmicas sobre esse tema. Conceitos são apresentados e discutidos e sua aplicação prática também se faz presente na obra. O livro consolida a reflexão crítica proposta ao longo desta obra.

Site

PROGRAMA DAS NAÇÕES UNIDAS PARA O DESENVOLVIMENTO – PNUD. Disponível em: <http://www.pnud.org.br/odm>. Acesso em: 24 jan. 2011.

Entre no *site* do Pnud e saiba mais sobre as 8 Metas do Milênio. Observe na mídia impressa (revistas, jornais etc.), no rádio e na TV quais são as matérias publicadas a respeito de empresas que investem em ações que dão suporte para que até 2015 sejam atingidas as metas propostas pela ONU.

Stephen Kanitz, autor do artigo "Os 10 mandamentos da responsabilidade social", observa que as empresas não têm condições de assumir a responsabilidade social porque não foram constituídas com essa finalidade, diferentemente das entidades que compõem o terceiro setor, cujo objetivo é prestar serviços sociais. Na opinião do autor, a atitude socialmente responsável de uma empresa seria limitar-se a apoiar as organizações do terceiro setor, dando-lhes espaço para desenvolver o trabalho a que se propuseram e alcançar os objetivos que almejam.

Bibliografia comentada

PETROBRAS. **Relatório de Sustentabilidade 2009**. Disponível em: <http://www.petrobras.com.br/rs2009/pt/relatorio-de-sustentabilidade>. Acesso em: 17 dez. 2010.

O relatório publicado no *site* da Petrobras apresenta a missão e a visão da empresa para 2020. Na sequência, esse relatório faz referência aos 10 Princípios do Pacto Global, que também estudamos neste livro. Existe, ainda, um capítulo destinado especialmente às ações que a empresa realizou e que estão previstas no documento idealizado pela ONU. Chamo também sua atenção para a apresentação do Balanço Social, seguindo o modelo do Ibase. Note que também são indicados nesse balanço os resultados do ano anterior, o que possibilita uma avaliação de sua evolução.

É importante ressaltar que o Relatório de Sustentabilidade da Petrobras segue o modelo do Global Reporting Initiative (GRI). Esse modelo, conforme discutimos, oferece às empresas um padrão para divulgação de seus resultados sociais e ambientais, o que facilita sua compreensão.

KANITZ, S. **Os 10 mandamentos da responsabilidade social**. Disponível em: <http://blog.kanitz.com.br/mandamentos/>. Acesso em: 17 dez. 2010.

Nesse artigo, Stephen Kanitz afirma que o consumidor tem consciência de que no preço do produto que está adquirindo está embutido o custo dos projetos socialmente responsáveis desenvolvidos pelo fabricante. Nesse sentido, o autor defende o fato de que nem sempre o consumidor gostaria de destinar parte do preço que está pagando pelo produto para aquela causa apoiada pelo fabricante.

Síntese

Responsabilidade social se define pela forma de gerir baseada em uma relação ética e transparente entre a empresa e seus diferentes públicos. Nesse sentido, o investimento em responsabilidade social é um caminho para a sustentabilidade e para o desenvolvimento sustentável.

O histórico da responsabilidade social no Brasil e no mundo compõe-se de diferentes eventos que resultaram no enriquecimento das discussões sobre esse tema na busca pela formação de uma sociedade mais justa e sustentável. A Organização das Nações Unidas (ONU) tem se mobilizado fortemente para atuar nesse sentido, principalmente com o lançamento global dos **10 Princípios do Pacto Global** e das **8 Metas do Milênio**.

A gestão da responsabilidade social empresarial passa pelo diagnóstico adequado da gestão, pela definição das ferramentas de gestão e pela comunicação dos resultados para o mercado, seguindo diretrizes já estabelecidas e adotadas mundialmente.

Como benefícios advindos do investimento em responsabilidade social, podemos mencionar a atração de novos clientes e consumidores; a criação de oportunidades para novos produtos e mercados; a atração e retenção de talentos; a intensificação da proximidade com *stakeholders*; a adição de valor à imagem da marca; a gestão de riscos; a antecipação da empresa às demandas das comunidades locais; e a atração de investidores.

A sustentabilidade do negócio, ou o equilíbrio entre a busca pelo lucro com respeito às pessoas e ao meio ambiente, deve estar inserida no processo de planejamento estratégico das organizações, considerando o envolvimento dos públicos com os quais a empresa se relaciona. Conceitos importantes relativos à ética empresarial precisam ser conhecidos e retidos, e sua aplicação na gestão dos negócios deve ser devidamente compreendida. Nesses conceitos está o próprio significado de ética como o conjunto de valores, princípios, normas morais e normas legais utilizados por um grupo humano como sua referência de **bem** e de **justiça**.

Referências

AAKER, D. A. **Marcas**: brand equity – gerenciando o valor da marca. 2. ed. São Paulo: Negócio Editora, 1998.

ARANTES, E. C. **Estudo sobre a percepção dos gestores a respeito da relação entre as práticas socialmente responsáveis e o resultado econômico das empresas**. 2006. Dissertação (Mestrado em Administração) – Pontifícia Universidade Católica do Paraná – PUCPR, Curitiba, 2006.

ASHLEY, P. A. (Coord.). **Ética e responsabilidade social nos negócios**. 2. ed. São Paulo: Saraiva, 2005.

BM&FBOVESPA. **Índice de sustentabilidade empresarial**. Disponível em: <http://www.bmfbovespa.com.br/Pdf/Indices/ResumoISENovo.pdf>. Acesso em: 14 dez. 2010.

CANASVIEIRAS TRANSPORTES LTDA. Disponível em: <http://www.canasvieirastc.com.br/webnews>. Acesso em: 13 dez. 2010.

CHURCHIL, J. R.; PETER, J. P. **Marketing**: criando valor para os clientes. 2. ed. São Paulo: Saraiva, 2005.

DRUCKER, P. **O melhor de Peter Drucker**: obra completa. São Paulo: Nobel, 2002.

FLEURY – MEDICINA E SAÚDE. Disponível em: <http://www.fleury.com.br/Pages/Default.aspx>. Acesso em: 13 dez. 2010.

GRAYSON, D.; HODGES, A. **Compromisso social e gestão empresarial**. São Paulo: Publifolha, 2002.

GRI – Global Reporting Initiative. Disponível em: <http://www.globalreporting.org/Home>. Acesso em: 13 dez. 2010.

INDEPENDENT SECTOR. Disponível em: <http://www.independentsector.org/>. Acesso em: 13 dez. 2010.

INSTITUTO ETHOS DE EMPRESAS E RESPONSABILIDADE SOCIAL. Disponível em: <http://www.ethos.org.br>. Acesso em: 13 dez. 2010a.

_____. **Indicadores Ethos de Responsabilidade Social Empresarial**: como estão as práticas de responsabilidade social de sua empresa? Disponível em: <http://www.ethos.org.br/docs/conceitos_praticas/indicadores/default.asp>. Acesso em: 13 dez. 2010b.

KANITZ, S. **Os 10 mandamentos da responsabilidade social**. Disponível em: <http://blog.kanitz.com.br/mandamentos/>. Acesso em: 17 dez. 2010.

_____. **Os 11 mandamentos da responsabilidade social**. São Paulo: Brasiliense, 2004.

KOTLER, P. **Administração de marketing**: análise, planejamento, implementação e controle. 5. ed. São Paulo: Atlas, 1998.

LOJAS AMERICANAS. **Visão & missão**. Disponível em: <http://ri.lasa.com.br/site/aempresa/visaogeraldaempresa.php?id=651>. Acesso em: 14 dez. 2010.

MIRANDA, C. N. **Ecoempreendedorismo**. Disponível em: <http://www.mt.sebrae.com.br>. Acesso em: 15 nov. 2010.

ONU – Organização das Nações Unidas. **O Pacto Global**. Disponível em: <http://unglobalcompact.org/Languages/portuguese/>. Acesso em: 29 jan. 2014.

PETROBRAS. **Relatório de Sustentabilidade 2009**. Disponível em: <http://www.petrobras.com.br/rs2009/pt/relatoriode-sustentabilidade>. Acesso em: 17 dez. 2010.

PORTER, M. E. **Vantagem competitiva**: criando e sustentando um desempenho superior. Rio de Janeiro: Campus, 1992.

PORTER, M. E.; KRAMER, M. R. A vantagem competitiva da filantropia corporativa. In: RODRIGUEZ, M. V. R. (Org.). **Ética e responsabilidade social nas empresas**. Rio de Janeiro: Elsevier, 2005.

PRAHALAD, C. K. **A riqueza na base da pirâmide**: como erradicar a pobreza com o lucro. Porto Alegre: Bookman, 2005.

TACHIZAWA, T. **Gestão ambiental e responsabilidade social corporativa**: estratégias de negócios focadas na realidade brasileira. 2. ed. São Paulo: Atlas, 2004.

TENÓRIO, F. G. (Org.). **Responsabilidade social empresarial**: teoria e prática. Rio de Janeiro: Ed. da FGV, 2004.

UNFPA – Fundo de População das Nações Unidas. Divisão de Informações e Relações Externas. **Relatório sobre a Situação da População Mundial 2011**. 2011. Disponível em: <http://www.un.cv/files/PT-SWOP11-WEB.pdf>. Acesso em: 29 jan. 2014.

UNIETHOS. **Gestão da responsabilidade social empresarial para o desenvolvimento sustentável**. Disponível em: <http://www.uniethos.tempsite.ws/assessoria/facilitacao-dos-indicadores-ethos-de-rse>. Acesso em: 12 jan. 2011.

Considerações finais

Após a leitura deste livro, gostaríamos que você tenha chegado à seguinte conclusão: **empreendedorismo** não é apenas um termo bonito utilizado por grandes empresários; é, sim, uma forma de gestão que devemos utilizar em nossa vida pessoal e profissional, sendo donos do negócio ou empregados, haja vista que, mesmo dentro das organizações, podemos e devemos ser intraempreendedores.

Outra constatação que você deve ter feito é que **responsabilidade social** não é o mesmo que filantropia, ou apenas projetos sociais, mas uma forma de gestão organizacional baseada nos interesses comuns dos vários *stakeholders* envolvidos com os negócios da organização. Esse tema deve fazer parte de todos os tipos de organização – públicas, privadas ou do terceiro setor –, já que a responsabilidade social deve ser um valor compartilhado entre todos os membros da sociedade.

Imaginamos ter proporcionado a você muitas reflexões a partir da abordagem dos conteúdos desta obra, já que são temas relativamente novos na prática do mercado e, assim, há muitas interpretações errôneas acerca de seus conceitos e aplicações práticas.

Espera-se que num futuro breve possamos ler este mesmo livro e perceber que a maioria dos comportamentos ditos "desejáveis" por parte dos empresários e gestores seja, efetivamente, uma realidade no cotidiano organizacional.

Caso se realize esse cenário futuro, então teremos alcançado nosso objetivo com esta obra, que é contribuir para o fortalecimento das organizações, com base em ferramentas de gestão orientadas por valores éticos e socialmente responsáveis.

Os papéis utilizados neste livro, certificados por instituições ambientais competentes, são recicláveis, provenientes de fontes renováveis e, portanto, um meio responsável e natural de informação e conhecimento.

FSC
www.fsc.org
MISTO
Papel | Apoiando
o manejo florestal
responsável
FSC® C103535

Impressão: Reproset
Julho/2023